享受芳療

必修的

風水．水課

天——著 李久嘉——審訂

推薦序 一

我們熟悉的陰陽五行，其實是身為中醫師的我，每天都在面對的例行公事，執醫時間越來越久，越感覺到大自然造物主的神奇，而人體就是一個非常完整的小宇宙，五臟六腑、五體、五官⋯⋯等，都和我們生存環境的四季、五方、五味⋯⋯等，有環環相扣的關係；甚至在人體五臟六腑之間，也都是相互滋生與制約的，共同維持在一個平衡穩定的狀態，透過中醫四診望聞問切⋯⋯各種方法，尋求適合的中藥配方，用以維持身體陰陽寒熱的平衡，只要臟腑能維持致中和的平衡狀態，人體就可常保健康。

中醫療法使用中藥治療，可說是介於西方醫學使用化學藥物，和自然療法尊重人體有自我修復的一種折衷治療方式，中醫的治療思想是，尋求人體的自我平衡為目標，希望一次性，能夠向完全治癒的方向邁進，所以中醫的使

用方法 除了狹義的使用中草藥治療之外，對於自然療法的各種方法，只要是對人體健康有幫助，都會列入考量；由於中藥大都取自於大自然的藥草，而不用化學製劑，所以中醫藥或許也可以稱得上，是廣義的自然醫學。使用精油療法，雖然只在少數國家得到醫藥單位認可，但是目前絕大多數國家還是將精油療法，歸類為自然療法之林，而廣泛使用。

但是從眾多的臨床應用實例證實，精油對於人體的作用，傾向於有正面實質的效果，這是毋庸置疑的，但是對於精油的五行歸經屬性，卻少有詳盡的研究，有些芳療師以植物的外貌顏色論五行屬性，或是依植物的部位判斷之，都有以偏概全之失，當我發現原老師，應用中醫的歸經理論，將精油定義五行，真是一個非常好的方式，因為

這樣就可以方便普羅大眾，輕易的使用到人體上面，而且可以和中醫理論完全契合，毫無違和感。

　　拜讀完本書之後，給我一種「豁然開朗」的感覺，雖然風水學方面，不是我的專長，但是老師能夠將不同領域的所學知識，都全部融會貫通，卻是一個很大膽又創新的發明，把人體經絡五行，對應到精油歸經五行，然後再應用到風水陽宅環境五行，用來改善人們的居家環境品質，讓這三者都可以用「陰陽五行」的道理，貫穿其中，可謂一理通，萬理通，閱讀完了之後，有一種打通任督二脈的痛快之感，故樂而為之序。更希望讀者在讀完本書之後，可以把書中的方法，在日常生活中多加實踐，必可獲益良多。

中醫師　白旭蓉

2022/5/29

推薦序 二

　　中華文化的醫學，這幾千年來照護深受疾患的人，也提供人們養生調理的重要依據，從《黃帝內經》的經絡學說開始，讓我們瞭解連接五臟六腑、運行氣血的所有通道，結合陰陽五行學說，再配合中藥草的藥性歸經，就構築了一整套調理身體的龐大而具實效的醫療體系。

　　我們熟知 12 經絡與時間有密切的關係，按照每天的時間做好必要的行為，對於經絡氣血和臟腑互動會產生正面的反應，如果擴及節氣，就會產生「食在當令」的觀念，利用當季大量產出的農產品，人們多吃當令食物，身體在這個季節就是需要這些食物的營養成份，這就是大自然依四季運行影響到我們人體能量調理的完美搭配。

　　現在 12 經絡又有新的連結，欣見原來博士的創見，將傳統的 12 經絡和芳療精油結合，其五行屬性也使用中

醫對於各藥草歸經的看法，將西方的精油五行定位，合乎與人體互動的影響，這樣使用精油，將更能對理療有準確的幫助。

我對於風水不是很清楚，但是依本書所述，如果能夠結合風水做環境的配置，將可以有雙重功效，雖然風水方面的五行氣是否能夠改運尚不可斷言，但是精油對於人體的調理作用是肯定的，只要用到真的精油，考量人體而使用對的精油，無論如何，對我們的身體是有正面的幫助。

謝曉惠

山東中醫藥大學 中醫博士

2022/5/31

推薦序 三

　　很高興原來教授這本書再版，當初他請我審閱芳療精油內文，我當然是義不容辭，原來教授博學，涉獵很多領域，最令我敬佩的是，原來教授治學嚴謹，每一個領域都是專家；在芳香療法領域，原來教授不僅報名加拿大芳療學校以英文學習，同時也以學者的身分閱讀相關研究論文，對於芳療有很多實證的見解，我也受益頗多。

　　美容美體按摩，是我在大學主要教授的科目，對於芳香療法的研究與應用教學有多方體驗，在多年與學生互動中，深深地感受到芳療精油對於人體的身心理療的好處，有很多案例顯示，無論是心理或生理，只要是亞健康範疇的情況，使用適當的精油和按摩方法，經常都有正面的反應與回饋。

　　當原來教授出了第一版，我就很高興，因為我每天使

用精油，終於可以一兼兩顧，按照書中的指引，在我家的適當地方，做特定精油的薰香；我心裡的感覺很豐富，一方面我知道這個精油對於我的身體有某些理療效果，另一方面還可以調整我家的能量環境，無論是不是有改善或靈驗，但是我感覺到，使用對的精油放在對的地方，這就增加了精油的適用性，並拓展了精油的其他用途。

誠然，做為一位芳療師，是有必要知道一些基礎的風水知識，因為這在和消費者互動當中，除了調理心理和生理需求之外，也可以提供消費者一個新的應用方式，可說是三重功效；精油薰香、按摩理療、環境能量，一舉三得。

施珮緹　施珮緹

弘光科技大學化妝品應用系副教授

2022/5/15

自 序

　　和加拿大 Ms. Watson 修習芳香療法兩年，由於我長期對堪輿陽宅感興趣，甚至為了窮究陰陽八卦原初之理，讀了很多上古史和考古文獻，慢慢探索出一些脈絡，這期間加上累積三十多年的創意思考教學，把自己訓練成跨界橫向鏈結貫通思維能力，以前經手過的藝術、食品、廣告、玻璃、奈米科技等都全部勾串在一起，當這些龐大的知識資料庫一接觸到芳香療法的時候，我的腦中就一直在想這個問題。

　　陽宅有五行調整空間能量波，既然人體、動物、植物造型等都有五行，那麼植物精油必然有五行，後來我看遍精油五行，歸類幾乎沒有相同的，處於各說各話的情況。這時候我就必須找一個標準了，我想，既然中醫有五行，而且是對人體各器官的改善有實質的助益，要判定精油的

五行，應該去瞭解它們所含的芳香族化學物質對於人體的作用效果，相對於中醫是歸入哪一個經脈，這樣將精油歸入五行才對我們人體有實際上的改善。

因為空間的不平衡，所以我們才需要將居家生活環境稍加做一個改變或增加擺飾，其用意不外乎就是取得一個平衡和諧的狀態，既然如此，何不改用適當的精油去薰香？不僅可以增加該空間應有的氣場，同時因為該空間可能造成人體某部位的不適感，將因為精油的調理而獲得預防或改善，真正的一舉兩得。

這就是促使我耐心讀英文芳療書，寫期中和期末作業，做案例提報告的原動力，因為如果讓我找到陽宅風水和芳療精油兩者的關聯性，對讀者、芳療師都是一份值得參考的資料。

很高興我終於找到了，由於我希望大家都能夠知道基本的風水知識，才不會因為無知而盲目放置精油，所以我將五行風水基本理論盡量以清楚的圖，簡單的文字表示，再順以芳療精油的建議，大家就可以據以調整自家的生活空間，也希望能夠因為這本書，大家都平安喜樂。

　　感謝已經超過二十年的好友李久嘉大師的協助審閱風水部份，也感謝芳療界美女前輩弘光科技大學化妝品應用系施珮緹副教授協助審閱芳療部份，讓這本書能夠更加完善，特此致謝。

陳 謹識
2017 年 9 月於桃園

增 訂 版 序

　　很高興這本書得以再版，這本書的銷售速度正常，但是因為第一版出版社的經營策略變更而終止，這本書在國外以 Aromatherapy and Feng Shui 書名銷售情況越來越有起色，慢慢地受到各國芳療師的重視，已有英文版、日文版、法文版，預期未來全世界重要語言地區都可以看到這個結合芳療精油、風水能量、身體脈絡的創新理論。

　　針對第一版內容的檢討，經過許多芳療師的評論建議，在內文與重點上要做一些調整，以符合西方讀者關心的議題，就成就了再版的內容。本書再版的內容大幅更動，勘誤很多，一方面是觀念改變，另一方面是改寫更為清楚，希望能夠提供更清楚有用的資訊。

　　為了增加閱讀的愉悅性，所有圖片都盡量立體化，連芳香花草的圖片也乾脆自己重畫，希望讓整本書的視覺表現更為活潑，至於精油的描述即增加學術論文的研究結果

引述，務求知識專業化，讓芳療師或對精油感興趣的讀者在應用精油改善環境能量時，心裡面能夠更為篤定自信些。

這本書已經窮盡我的描述功力，寫得超級簡單了，而風水部份是初階的知識，對於精油的應用已經足夠，因為這只是將精油的應用更為「具有目的性的用途」而已，相對於一般精油書探討心理或身體的療癒，以及調配適合某些症狀的精油配方等，這本書結合風水理論和定義精油五行屬性，精準地放置「對的精油在對的位置」，讓精油的功能發揮最大化效能。

誠摯希望這本書真的能夠幫助到讀者，無論是心理、生理，甚至是運勢。

陳 謹識
2022 年 4 月於板橋

目 錄

前言

本書著書理念

前言 **本書著書理念**

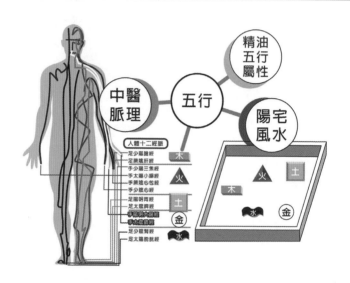

　　本書最重要的觀點就是以中國傳統五行理論，將中醫、風水、芳香精油串連貫通，因為陽宅的五行理論就是要解決居家波頻不和諧的情況，有人就利用代表五行含意的一些動物雕像或花瓶等不同材質器具，或是利用實際的花草水族箱等，希望能夠創造平衡安穩的環境。

　　而這些不和諧的現象，依五行盈缺而反映於人體產生

的病症，大多獲得實證，因為人體長期居住在這樣的偏頗紊亂的生活空間，身體某方面應該會出毛病，而出現的症狀有時候居然和五行描述的器官相吻合。

我們所熟知的芳香精油依照其化學物質成份所產生的藥理作用，對應於人體不同器官的改善，這些器官在中醫理論可歸類於五行之列，因此精油的五行屬性就此定義。

陽宅風水、人體經脈、芳香精油，此三大領域以五行貫通，這所代表的意思，從芳香精油的應用面而言是提升至有效率的環境場域的應用；也就是說，只要用對精油在陽宅對的位置，對於人體健康和陽宅氣場的調理，都可收實質的雙重效應。

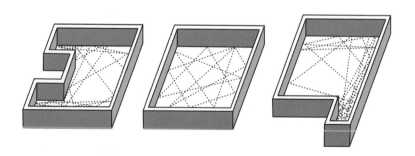

　　我們每天仰望天空，眼觀前方，但是我們看不到電波都通過在我們眼前和上空，要用收音機才收聽得到；電磁波也是，手機或偵測器才偵測得到；指南針更是，才能夠察覺到地球磁力的存在。

　　有多少磁波在大地原野流動，家裡的人和這裡的磁場感應是否合適，屋內的磁波往返共鳴是否和諧，都直接牽涉到人體的身心調和、精神穩定、工作判斷力與效率的問題；也就是說，磁場過度不平衡，人體某部份器官也有可能受力過重，精神方面也會受到影響，這是居家生活空間調適的大問題。

　　在一個四平八穩的居家空間（上圖中央），其屋內的音頻互動傳遞共鳴是和諧的，人生活在這個平衡的空間裡面，得以吸收天地的氣調養身體，身體健康，頭腦自然清晰，經營事業也會較為順利。

　　如果居家空間的氣場不對（上圖右和上圖左），可能是房屋有缺角或凸角，可能是格局設計不合適，裡面所共

鳴震盪的音頻就會過度集中或是欠缺，人長期生活在不和諧的環境內，身體的某處也承受了極端的衝擊，身體欠安，思緒也不安定，事業也走得辛苦。

一般我們都會使用一些象徵各五行的物品，找個適當的圖畫、雕像或是魚缸、錢幣等，放在特定的位置，以剋或洩或生該區域過盛或不足之氣。

對於人體有共鳴或可互動的，不外乎是風流動、水聚、陽光溫暖、月光映影，氣味相投，聲音平穩，這些環境的最佳組合，就構成了養生養氣的健康生活空間。

精油，是取自於天然植物的芳香族化學物質，其氣味依嗅覺吸收可以影響人體內部的調控，如果使用正確五行的芳香精油，配合補足或加強欠缺的能量氣場，甚至可以調整不穩定的音頻，身體也同時因為精油的效能獲得機能的改善，每天可以吸收宜人的香氛，同時改善氣場和身體情況，這也是一個最愉悅宜人的養生之道。

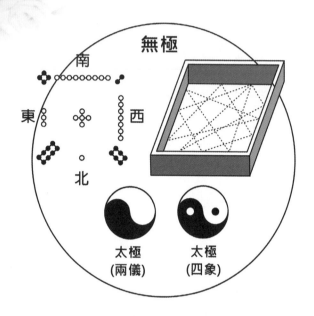

　　這是大家都知道的太極圖，由無極演進至太極，一個平衡又有動感的圖，陰氣和陽氣相互運動與轉換，達成平衡的狀態；左上圖是洛書，黑白子的數目從任何一個方向加總，數字都是15，這也是一個平衡的狀態；正如上述居家平衡之說，整個從外面流進來家裡的空氣也會均衡緩慢地流動，大地的音頻或是家人互動產生的頻率都是處於平衡狀態，這樣居家就可以安養身體，心理也較安穩。

中國的風水學主要也是希望在大地之中找到適合人類居住的地方，例如山北長年陰暗當然不適合，居於山南有陽光照射，因為地球自轉自西向東發現在江流右邊牛羊強壯，因為地球之氣和微量元素大多集中於右方，所以有「居江右」之說，家裡面因為朝陽和夕陽，春天的風向和冬天的冷冽之風，房子應該如何配置才可以舒適泰然，家裡老壯青三代各有成長的需求，應該怎麼分配房間的位置才可以適得其所，這些觀念都源自於人與自然大地互動的結果，而逐漸形成風水之說，究其思想的根源，就是太極的動態平衡概念而已。

本書設定的讀者就是一般大眾，特別是對中國文化不甚熟捻的讀者，以圖文簡易解說各階段的專業知識。

一開始介紹五行，相生和相剋，並且與中醫各器官所代表的五行，因為某器官過旺，就會影響其他器官；或是其他器官提供養份給下一個器官，以身體運作的實例說明中國五行相生相剋之理。再解釋洛書與八卦之間的相連關

係，並清楚說明後天八卦的成卦原理，以及對應到居家空間，其相應的五行屬性、家裡每個人的空間分配，以及依中醫五行可能罹患的疾病，整個中國五行八卦所構築的系統全然展現。

本書所論及的風水五行是最初階的知識，但已經足夠本書的芳香精油使用，因為精油屬揮發性質，在某一特定小地方或小房間都可聞到；正因為如此，如果能夠根據陽宅風水的原理找到這個房子或這間房屋適合的五行屬性，點上正確五行的精油，補足或沖洩該特定區域的能量氣場，使環境回復到平衡狀態，更可讓因為不諧和的氣場促使身體某器官不適的症狀，因為精油的調理而改善身體狀況。我們希望能夠達到的結果是，讓家裡的孩子能促進學習穩定情緒，讀書容易記牢，住在有煞氣傾向的房間能夠削減凶氣，化險為夷，或是讓身體獲得預防性的健康效果。而這些基本五行與陽宅知識，剛好合乎芳香精油的應用，不僅簡單，而且適得其所。

以前在家裡使用芳香精油，是想要讓家裡能夠有一種宜人安全放鬆及溫暖的芳香感覺，現在你應該更進階了，不僅可以用得喜歡，最重要的是懂得用對的精油在正確的房間。

特別為需要旺財的讀者，專闢一個章節談財位，雖然財無形，旺的界線也不明，在芳香精油應用於風水應該是首創，我還是盡量依風水既有的理論推論之。

本書所列舉的精油都有中醫性味歸經的描述，這些性味歸經所作用的身體部位與症狀，已經依序編配歸入木性、火性、土性、金性、水性，由於精油所含的化學物質相當複雜，有時一個精油同時會有兩三個五行屬性，本書再根據五行相生相剋原理，除去受剋之五行，將每個精油的五行定義，意即使用這個精油，將可對於人體五行相對應的器官有助益，應用在某特定空間，可同時改善居家環境與能量。

用對精油，在對的地方，最重要。

第一單元

五行生剋與後天八卦對應
輔以中醫五行應證

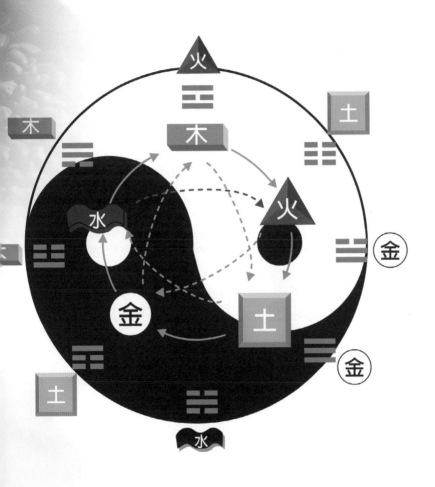

第一單元
五行生剋與後天八卦對應
輔以中醫五行應證

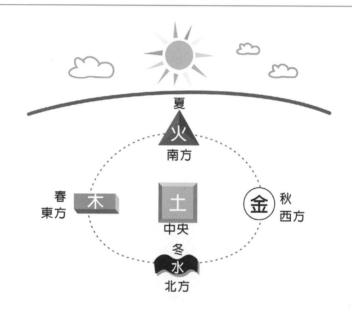

　　這就是中國的方位五行和氣候五行，從現在開始，你的方位觀念要調整到中國古代的想法，他們當時沒有衛星導航，只有擁有夜晚的月亮和滿天星辰，以及白天的太陽，所以他們面對的「前方」就是太陽南方，由於中國位處於

中高緯度，太陽永遠在南方。八卦的方位也是依照這樣的方位排列，上方也是南方。

五行方位的定位，由於中國以黃土居多，中央是屬土，太陽由東邊升起，加上中國河流大多自西北流向東南，陽光水份充足，植物得以蓬勃生長，因此東方屬木。

中國南部接近赤道，較為炎熱，加上太陽在南方，所以南方屬火。西部多山多礦，所以西方屬金。北部是水之發源地，而且黃河流經北方，所以北方屬水。

季節的五行，春天植物欣欣向榮，春天屬木；夏天豔陽高照，夏天屬火；秋天有肅殺之氣，樹葉枯黃脫落，恍如遭金屬砍伐，秋天屬金；冬天大地冰封，冬天屬水。至於四季交替之時，要有緩衝平穩渡過，因此四季交界之時屬土。

天上東方的星宿排列想像成龍，西方的星宿形狀想像成虎，北方的星宿畫起來極像烏龜，南方星宿繁多，看起來像朱雀，中央勾形想像成勾陳麒麟。所以稱為左青龍木、

右白虎金，前朱雀火，後玄武水，中央勾陳土。(往南方看，左邊是東方蒼龍七宿，以此類推)

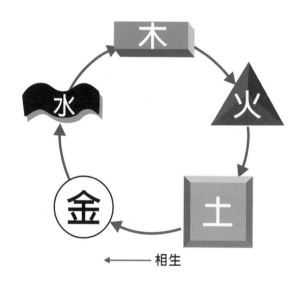

這就是大家所熟知的五行，以後不要再說「金木水火土」了，因為不實用，只是好唸而已。要說「木火土金水」，因為這樣才記得住相生相剋。

木生火，火生土，土生金，金生水，水生木，相生是物質之間相互轉化的力量。

通俗的理解就是水可以栽種植物，植物燃燒生火，火燒成土灰，用陶土模製造金屬器具，金屬於夜間結出露水。

也可參考這樣的說法：水源附近必有樹木，樹木因酷陽高溫而燃燒生火，火灰使得泥土增多，土壤中有堅硬的金屬礦石，石面上流動著水。

以上都是臆測並嘗試解釋五行，你也可以把它們想成是五種不同的能量，甚至是五個波段也行，這就是一種對所有週期性現象的共同規則。

中國把五行也有相對應的事物，例如以色彩而言，木是青色，火是紅色，土是黃色，金是白色，水是黑色，所以順口地講就是：木火土金水，顏色是青赤黃白黑，身體的對應是肝心脾肺腎。

凡是直形的山和水，或是器物，都屬木。
凡是尖形的山和水，或是器物，都屬火。
凡是方形的山和水，或是器物，都屬土。
凡是圓形的山和水，或是器物，都屬金。

凡是波浪形、曲形的山和水，或是器物，都屬水。

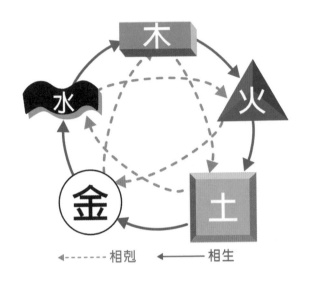

有相生就會有相剋，相剋用下跳棋的方式來記最容易，你看木生火，火生土，下跳棋的時候要跳過前面那個子，去吃下一個子，所以木就跳過火，去吃土。相剋就像是在下跳棋，木剋土，火剋金，土剋水，金剋木，水剋火。

水可以熄火，火可以熔金，金可以砍木，木可以鑽土，土可以淹水。或是說水源的兩旁或周圍必然被泥土包圍（土

剋水），下雨時陽光自然不見了（水剋火），火山爆發時，石頭被灼熱的岩漿熔解（火剋金），樹木不能在石頭上生長（金剋木），而樹木必然在泥土上生長，即使是幼苗也是破土而出的（木剋土）。

相剋是物質之間的相互牽制的力量。

相生相剋就構成了五個系統的互動，每一個系統就會有四種互動模式，以木為例，木生火，水生木，木剋土，金剋木，加上木和木同類相比，就成了「五」種態勢。

所以任何一件事物，都會含有你我同類，你生我，你剋我，我生你，我剋你等五種情況。

整個五行就是一種相互作用的反饋環路，而且是趨向於平衡和諧的狀態。

　　如果木過旺，木就不需要水的支援了，而且也不受金的剋制；同時，木也會增加對火的輸出，同時向土剋制，整個生態環境就不和諧了。

　　我們可以用人為的方式處理，風水和中醫都是依照五行理論，基本上都是相通的。我們可以提升火的能量，把木積壓過多的能量洩掉；或是加強金的能量去打壓抑制木。

　　我們也可以加強土的能量，一方面土不再被木所剋，

反而促使木生火，火生土的化解效應。

單就木而言，木代表生發，其象徵的意義是生長的強力慾望，就像春天是生長的季節，枝葉發芽般地分化，開枝展葉，有組織性地擴展。

木的形狀是長條的，或是管狀的、纖維的。

木的臟是肝，包括膽、甲狀腺。金剋木，因為《黃帝內經》說肝有病，病發秋天，一日中以黃昏肝臟最辛苦，這都是金的時間，所以金剋木。

木生火，肝是人體最主要的工廠，製造出心所需的養份。血液的營養由肝加上去，毒素也是由肝收回，心負責輸送分配，其營養由肝而來，是它的力量之源。

木剋土，從小腸吸收的食物會先經肝靜脈送到肝臟，做分類及加工，肝和脾之間有複雜的血管和淋巴管相連，分擔化學物質的分類工作，但是肝的潛能比脾強得多，所以有肝病則使得膽汁生產有問題，嚴重影響消化。肝有病，

脾就病。但脾病不會傷到肝，肝卻能將問題都推卸給脾，所以木剋土。

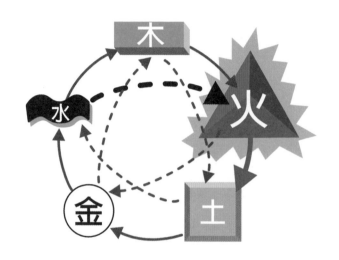

如果火過旺，就提升土的能量去洩火，或是提升水的能量去抑制火，也可以加強金的能量，一方面不被火所剋，同時促使火生土，土生金的化解效應。

單就火而言，火代表繁茂，是強壯、充滿力量，是炎熱季節；在感情上是熱情的、迅速而敢愛敢恨，未經深思

熟慮、坐言起行。

火的形狀是尖角、三角形。火也是易變、沒有固定形狀，顏色是紅色。

火的臟是心，包括循環系統、血和血管。水剋火，《黃帝內經》說心有病，病發冬天，一日中以半夜心臟最辛苦，半夜運動停止，肌肉較難幫助靜脈血液回流，所以心臟必須加倍努力，冬天和半夜都是水的時間，所以水剋火。

火生土，血液裡面的老舊紅血球由脾收回，成為脾的原料。脾胃主消化吸收，強健的心血支撐了壯大的身體，所以火生土。

火剋金，如果心臟有病，血液流動有障礙，不出幾秒肺的微血管、微氣管便會呈現脹爆的情況，所以心臟病發立刻引起胸悶窒息，這時候為了避免脹爆血管，血管內的水份便會排出，形成肺積水。慢性心臟病多有肺積水，心有病，肺立刻受害，所以火剋金。

　　如果土過旺，就提升金的能量去洩土，或是提升木的能量去抑制土，也可以加強水的能量，一方面不被土所剋，同時促使土生金，金生水的化解效應。

　　單就土而言，土代表承載，冷熱氣團相混，天氣不穩定、多雨，也是花開的時刻。泥土本身就是收集、無特徵、渾濁的。土地承載萬物，卻很容易被萬物忽略。

　　土的形狀是方形，顏色是黃色。

土的臟是脾，包括胃和胰臟、消化吸收。木剋土，《黃帝內經》說脾有病，病發春天，一日中以早上脾臟最辛苦，因為這是木的時間。春天百菌滋生，使得人體的免疫系統工作量大增，脾經常脹大勞累，所以木剋土。

土剋水，胰臟是脾經上的腺體，胰島素失靈就是糖尿病，腎要把血液中多餘的糖濾走，結果引起腎病。脾的病變使得免疫系統過度活躍，控制白血球的指令出錯了，白血球會攻擊自己身體細胞，而腎臟是過濾器擁有最多污物，最吸引白血球的攻擊，腎最受害，所以土剋水。

如果金過旺，就提升水的能量去洩金，或是提升火的能量去抑制金，也可以加強木的能量，一方面不被金所剋，同時促使金生水、水生木的化解效應。

單就金而言，金代表分割，秋天時節的肅殺之氣、乾燥、枯萎、僵硬，也是生命力的萎縮。金的感覺有那種乾燥使皮膚爆裂、肌肉僵硬的感覺，可以聯想到金屬刀鋒切割的鋒利聲，有著死亡的威脅。

金的形狀是圓形，有界線，顏色是白色。

金的臟是肺，包括防衛系統、胸腺、皮膚、鼻黏膜、大小腸黏膜。火剋金，《黃帝內經》說肺有病，併發夏天，一日當中以正午肺臟最辛苦，這是火的時間，因為新陳代謝率高，對氧氣的需求也增大，加重了肺的負擔，所以火剋金。

金生水，肺深呼吸、打呵欠會加快從血中抽取二氧化碳，由於二氧化碳溶於水即成碳酸，二氧化碳抽離則血液傾向鹼性。腎負責酸鹼平衡的長期調整工作，肺可以幫補

腎的工作，所以金生水。

金剋木，如果肺很弱，氧氣的吸收長期處於低水平狀態，身體某些地方開始使用無氧化學程序製造能源，但卻會因而產生大量有輕微毒性的有機廢物，為瞭解決這些毒素會使肝疲於奔命，所謂的「肝燥」就是肝臟過勞，所以金剋木。

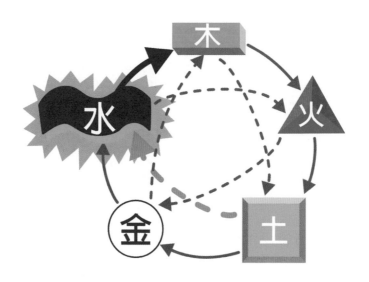

如果水過旺，就提升木的能量去洩水，或是提升土的

能量去抑制水，也可以加強火的能量，一方面不被水所剋，同時促使水生木，木生火的化解效應。

　　單就水而言，水代表無常，水寒，是冬天。動物冬眠，植物種子也藏於地。只有水流或寒氣在流動，所以水也代表隱藏，冷，欠缺力量，情緒低落。

　　水的形狀是波浪形，顏色是黑色。

　　水的臟是腎，包括膀胱、生殖器官、腎上腺、淋巴腺、各種平衡調解。土剋水，《黃帝內經》提示有腎病的人，每年雨季時病發，每天辰戌丑未時腎臟最辛苦，這都是土的時間，濕度高，人體無法排汗，所以土剋水。

　　水木相生，腎和肝一起工作，血液排毒由腎負責簡單物質，肝負責複雜物質。肝製造多種內分泌發放於血中，腎從血中接收加工後再發放血中，兩方工作如果有一方罷工，另一方就要加重代工工作。

　　水剋火，腎掌管水量平衡，直接控制血壓，如果身體

內水量太多，血液內的氧氣和營養無法從血液擴散到細胞處，細胞發出缺氧訊號，神經系統以為血流不足，促使心臟狂跳。所以心臟有病，不會即時傷到腎，但是腎有毛病，馬上影響到心，所以水剋火。

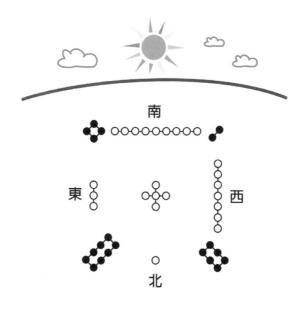

這是洛書，其出處多有描述，有人用日月時辰去應證洛書的黑白與數字，各方推論都有，總之是中國古代先人遺留下來珍貴的資產，那是因為《易・繫辭上》說：「河

出圖，洛出書，聖人則之」，河圖洛書名稱即定，本章節不討論河圖，下章會提到，本章僅論洛書，因為往後的九宮及後天八卦對應以洛書為源頭。

古人就發明了口訣：「戴九履一、左三右七、二四為肩、六八為足、五居中央。」

而王禕《洛書辨》即說明：「

一為太陽之位，九為太陽之數，故一與九對也；

二為少陰之位，八為少陰之數，故二與八對也；

三為少陽之位，七為少陽之數，故三與七對也；

四為太陰之位，六為太陰之數，故四與六對也。

是則以洛書之數而論易，其陰陽之理、奇偶之數、方位之所，若合符節，雖繫辭未嘗明言，然即是而推之，如指諸掌矣。」

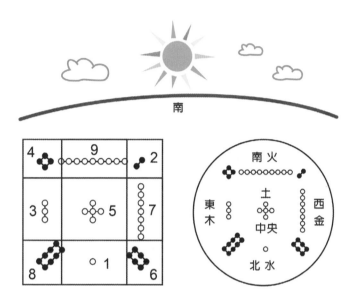

　　將這九個圈圈圖形畫九個方格，根據黑子或白子的數量標上數字，這樣就不必一一計算數量了。

　　上方是南方，數字九，屬火；下方是北方，數字一，屬水，各方位屬性以此類推。而東方在左，西方在右，你可能還不習慣這種中國古代認知天文宇宙的方位，慢慢地你看多了就會習慣的。

　　兩個對邊的數字之和為十，四六，一九，二八，三七。

加上中間五,總數為十五,也是一個風水的參考之數,整個盤勢也是平衡之局。

一、三、九、七叫做四正,就是二至二分,北方一為冬至,南方九為夏至,東方三為春分,西方七為秋分。

而二、四、八、六叫做四維,也是四立,東北八為立春,東南四為立夏、西南二為立秋,西北六為立秋。

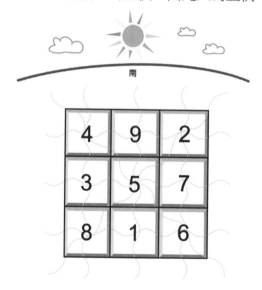

這個洛書所形成的九宮,你看一下,無論縱向、橫向、

斜向的數字都一樣，加總都是15；而我們熟知的卍（萬）字也是這樣來的，卍（萬）字的兩筆劃對應到九宮圖，分別是49516和27538，加起來的數字都是25，這個卍（萬）字就開始旋轉囉；其實卐（德）的數字加起來也是一樣的。希特勒就是看到卍字而設計他的納粹黨徽卐（德）的。

卍（萬）到底要怎麼轉？右旋還是左旋？

古人說：「天道左旋、地道右旋。」從北半球看來，地球本身是以逆時針方向由西向東自轉，使得從地球看起來太陽等天體是順時針繞著地球右轉，由於地球受到太陽引力的朝陽性關係。所以，在北半球形成的颱風、龍捲風、炊煙、藤蔓、花瓣都是以「順時鐘」方向旋轉向上，甚至洋流以赤道為分界，也是順時鐘循環，而且浴缸、馬桶落水的漩渦也是如此，北半球是卍（萬）；但在南半球則都是以「逆時鐘」方向左旋轉向上，南半球是卐（德），這就是自然界的特色。

這也是整個空間的和諧之數，我們的環境就是要將過

旺的氣洩掉或抑制，以維持空間的和諧感。

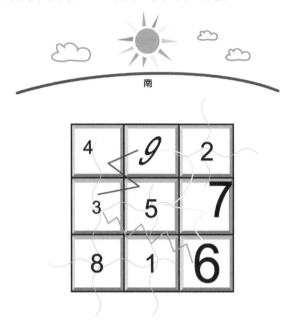

這個自洛書延伸的九宮，本來就是我們生活空間的和諧之數，依照五行及各卦位的相互運作，達到互動平衡的效果。

但是現實上並不會如此，不然，如果事事物物都和諧，你怎麼會生病？

例如南方的九因為火性歪斜出問題，放任了西北方的

六金氣過旺，卻剋住了東方三的木氣，整個生態系統就出問題了。這時候就必須做一些人為的調整，讓這整個生態重回正常的互動平衡狀態，中醫診療的道理也是一樣啊！

以陽宅而言這個現象很普遍，特別是現代都市土地寸土寸金，建商善於利用每一塊建地，就是形狀不正，建築物也要用到逼近法規的上限，加上為了排水或其他施工方便的考量，整個格局有時候完全顛倒，這類的事情幾乎佔大多數，所以用居家平衡的觀點來看，其實有些問題係源自於此，本來空間就不平衡穩定，長此居住，慢慢累積就會出問題。

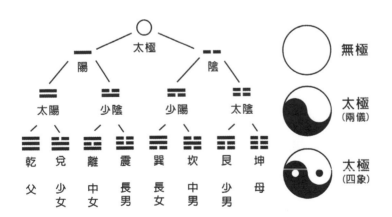

　　上古時期的陽就是一橫畫，陰打個摺 Λ，《易經》云：
「無極而太極，太極生兩儀，兩儀生四象，四象生八卦，
八卦定吉凶，吉凶生大業。」所以就如上圖，產生陽和陰
之後，又分別分裂為太陽、少陰、少陽、太陰，在易經八
卦對於老少的定義，最下方第一爻越老，最上方最後一爻
越年輕。

　　所以分為八卦就可以定人事，也可以分別代表宇宙自
然現象與萬物，乾卦全部是陽，代表父親，是天。兌卦一
個陰在最上面，是陰的最幼一人，代表少女(三女)，是澤。
離卦一個陰在中間，排行老二的陰，代表中女(次女)，是
火。震卦一個陽在最下方最老，是陽的老大，代表長男，
是雷。

　　巽卦一個陰待在最下方年紀最大，代表長女，是風。
坎卦一個陽在中間，排行陽的老二，代表中男(次男)，是
水。艮卦一個陽在最上方年紀最小，代表少男(三男)，是
山。坤卦全部是陰，代表母親，是地。

八卦可以定人事、萬物，甚至空間位置，也可以推演屋宅坐向等，這個簡單的分類，逐漸演化成為我們生活的重要指導方針與原則。

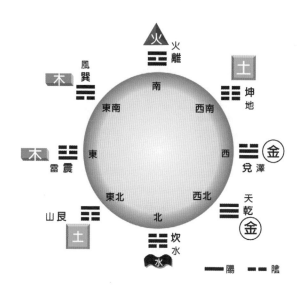

這就是和人事萬物關聯性較大的後天八卦，各卦的方位依中國地形氣候而定，這時候你就要發揮一些想像力，太陽在南方，離卦代表火位於南面；北方有黃河大水，而且天寒地凍水冰封，坎卦代表水在北面；太陽的運行偏向

西北方，古稱天傾西北，乾卦代表天在西北面；東北有太行山，艮卦代表山位於東北面；東方太陽升起萬物繁殖，春雷一聲起，震卦代表雷位於東面；溫暖的海風從東南方吹進，巽卦代表風位於東南面；西南是個大糧倉，餵養萬物，坤卦代表地位於西南面；西方多金礦，加上沙漠旱地上方有綠洲湖泊，兌卦代表澤位於西面。

　　為了方便記憶，古人根據卦象的形狀創造了口訣：乾三連、兌上缺、離中虛、震仰盂、巽下斷、坎中滿、艮覆碗、坤六斷。

乾三連：古代甲骨文一橫畫就表示天，所以三連畫看起來純陽氣是乾卦 (天)。

兌上缺：兌卦看起來上面有缺一個口，下方有兩個穩靜的陽爻，上方是動竄的陰爻，恰如沼澤水浮流在地面上，所以稱為澤。

離中虛：離卦看起來中間是虛空的，外表都是堅硬陽爻，中間是虛動陰爻，就像是火外面強悍，其實中間

很虛，以火稱呼。

震仰盂： 震卦看起來就像一個向上開口的碗，下方一個穩
　　　　 定陽爻，上方有兩個躁動陰爻一直往下打，產生
　　　　 大地一聲響雷，以雷稱之。

巽下斷： 巽卦看起來在下面斷了一截，在上方兩個靜止陽
　　　　 爻，而下方一個流動陰爻擴散，就像風一樣地無
　　　　 微不入，因此稱為風。

坎中滿： 坎卦看起來中間是滿實的，上下都是流動陰爻，
　　　　 中間是堅實陽爻，水外表看起來柔弱，其實水滴
　　　　 可穿石，中間內在是很堅強的，以水稱之。

艮覆碗： 艮卦的形狀看起來像是把一個碗覆蓋上，也像一
　　　　 座山，所以以山為名。

坤六斷： 坤卦看起來全部斷掉，全部都是陰爻，承載萬
　　　　 物，性情柔順，以地稱之。

　　　　 天地山澤風雷水火，這八個以事物形象為代表，也讓

民眾對於八卦的接受度提高，更容易依型態記憶。

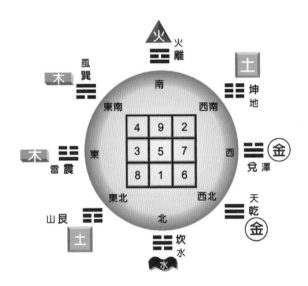

洛書的數和後天八卦相對應，每個卦就有代表的方位與數字了，如果你的房子是坐北朝南，就是房子本身的坐向是北方，而面向南方，這個房子就是坎宅，數字代號1。以此類推，坐東南朝西北的房子是巽宅，數字代號4；坐西向東是兌宅，數字代號7。

每一個宅，其中的數字就會全部重新排列，形成適合

該宅的佈局，由於每個數字都有不同的氣場，古人也把它們做生動的描述，這個宅的各種氣聚集的態樣就不同，所以房屋要依坐向、形狀、外局等做個別的調整，看起來好像很複雜，其實這也是一些公式，就像數學一樣，找到不變運作規則。

這九個數字各聚集不同的氣場，有好有壞，我們先不求好，先解決健康與安全的問題，讓家人每天快樂生活，比任何事情都重要。

每一個數字所代表的意義，配合天象星辰，所展現洛書排列的九星名稱及吉凶：

一白貪狼星居坎方屬水。為第一吉星，利中房，利男性，利名聲，令人生氣蓬勃，凡事向上積極進取。遇其凶者，主刑妻剋子。

二黑巨門星居坤方屬土。為梟神，晦氣病符，憂愁抑鬱。婦人見之主是非，訟災、流產、久病等。其吉也，主發田財。

　　三碧祿存星居震方屬木。遇其凶者，官非訟災，殘病刑妻，膿血頑疾。其吉者，當其旺，興家立業，富貴功名。

　　四綠文曲星居巽方屬木。遇其凶者，主姻緣反覆，人口不定，夫妻紛爭，不務正業，女性易惹桃花而淫蕩。其吉位，當其旺，與一白同宮，主道德文章，登科甲第，君子加官進識。坐文昌位，吉者最利讀書求功名。

　　五黃廉貞星居中宮屬土。為戊己大煞，不論生剋，皆凶，宜靜不宜動，宜洩不宜剋，主無端惹禍，意外橫災，頑症手術，口舌是非，家中失竊，官非破財。

　　六白武曲星居乾方屬金。乾者剛也，故主威震主權，鉅富多丁，利外交，夫妻和睦。其凶也，伶仃孤苦，刑妻剋子。

　　七赤破軍星居兌方屬金。兌卦主是非口舌，盜賊姦淫，奇難雜症，刀傷車禍，子女緣薄。其吉也，當其旺，主旺財丁，喜悅。

八白左輔星居艮方屬土。生旺主吉，主慈祥，富貴功名，能化凶神。其凶者，小口損傷。

九紫右弼星居離方屬火。性主急，鎮邪惡，發富發貴立速，為趨煞催貴之神，其凶亦速，如助五黃凶星，勃然大災。

所以兇星有四：二黑、三碧、五黃、七赤。它們的出現，會帶來可能性較大的危險，也就是煞氣。

其中，危險性最大的是五黃，其次則是二黑，會影響人們的健康和安全，本書希望能以精油改善居家環境，以化險化災為優先，因此會依房屋坐向提供化解的提示。

另外文昌位也是重點之一，讓家中小孩的讀書能量提升，讓他們有更好的表現，也是為父母者的期望，本書也會提示應用方法。

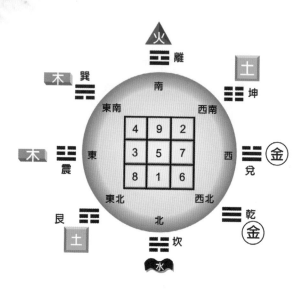

　　每個卦都有五行屬性，在後天的空間上各有屬性，配合九宮的和諧數字分配，就可以推估整個氣流的和諧情況。

　　例如你家的門開在哪一個方位，就根據那方位的屬性決定大門的顏色，這就是五行顏色屬性應用於人事之理。

　　大門開在東門（震方），東方屬木，喜水來相生及木來相助；忌金來相剋、火來洩耗：土則影響不大，列為中等。

所以大門顏色：最好是木—青、綠；水—黑、藍。最好不要金—金、白；火—紅、紫、橙。

大門開在東南門（巽方），東南方亦是屬於木，喜水來相生及木來相助；忌金來相剋、火來洩耗；土之影響不大，列為中等。大門顏色與上述東門相同。

大門開在南門（離方），南方屬火，喜木來相生及火來相助；忌水來相剋及土來洩耗；金之影響力不大，列為中等之論。所以大門顏色最好是木—青、綠；火—紅、紫、橙。最好不要水—黑、藍；土—黃、啡。

大門開在西南門（坤方），西南方屬土，喜火來相生及土來相助；忌木來相剋、金來洩耗；水之影響力不大，列為中等。所以大門顏色最好是火—紅、紫、橙；土—黃、啡。最好不要木—青、綠；金—金、白。

大門開在西門（兌方），西方屬金，喜土來相生及金來相助；忌火來相剋及水來洩耗；木之影響力不大，列為

中等。所以大門顏色最好是土—黃、啡；金—金、白。最好不要火—紅、紫、橙；水—黑、藍。

大門開在西北門（乾方），西北方亦屬金，喜土來相生及金來相助：忌火來相剋及水來洩耗，木之影響力不大，列為中等。大門顏色與上述西門相同。

大門開在北門（坎方），北方屬水，喜金來相生及水來相助；忌土來相剋及木來洩耗，火之影舊力不大，列為中等。所以大門顏色最好是金—金、白；水—黑、藍。最好不要土—黃、啡；木—青、綠。

大門開在東北門（艮方），東北方屬土，喜火來相生及土來相助；忌木來相剋及金來洩耗；水之影響力不大，列為中等。大門顏色與上述西南門相同。

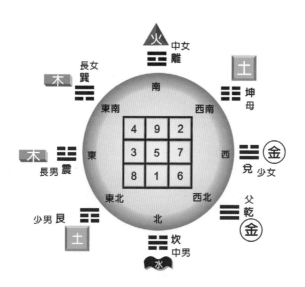

　　每個卦都有代表的人物，依照陰陽的分配，乾卦（西北方）是天是父，而底下第一個陽爻是震卦（東方）長男，中間陽爻是坎卦（北方）中男，最上陽爻是艮卦（東北方）少男。至於女性則用陰爻類推，坤卦（西南方）是地是母，底下第一個陰爻是巽卦（東南方）是長女，中間陰爻是離卦（南方）是中女，最上陰爻是兌卦（西方）是少女。

　　所以，震卦是長男，位居東方，因此古代太子才住在東宮。

「四平八穩」一直是選擇好住宅的標準，你可以想像聲波或音頻，方正四方的房子比較有和諧的音頻，如果有缺角，那種屋內的共鳴音頻就有不對稱，不和諧的可能性，同時能量的分配也會有過盛或欠缺的情況。

無論是北京故宮、頤和園，還是嶺南建築，都講究中軸對稱，方正規整。

先簡單的舉例：缺西北角的房子代表父親常不在家，或有病；缺西南角母親可能易患疾病，這是用八卦成卦之理對應到空間所做的推論，不一定樣樣皆準，但是有傾向那情況的可能性。

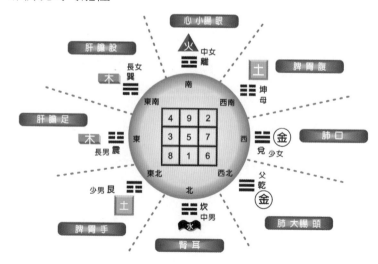

依照每個卦的五行方位，配合中醫五行所對應的五臟六腑：木—肝(臟)、膽(腑)；火—心(臟)、小腸(腑)；土—脾(臟)、胃(腑)；金—肺(臟)、大腸(腑)；水—(臟)、膀胱(腑)。

八卦配合九宮，加上五行與中醫，就形成了以上各空間的方程式，源自於天文的九宮直接對應到人世事物。

乾為首：天就是人上加一橫劃為天，乾代表人的頭，人的頭部在正上方，代表最尊貴的地方。

坤為腹：坤代表大地，厚重無私，承載著東西，容納百川，所以對應人的肚子。

震為足：震為動，陽爻主動，陰爻主靜。震卦初爻(最下方)為陽爻，二、三爻(上面兩支)為陰爻，對應到人的腳。

巽為股：股是大腿，從膝蓋以上到大腿根部稱為股。巽為入，我們要進階至高深的境界，或投入某一領

域，就必須要付出大量的精力，所以用股表示巽
卦的德性。

坎為耳：坎為水，腎臟代表水，而腎臟開竅於耳，所以坎
為耳。如果一個人腎水充足，則耳聰目明。

離為目：離代表太陽，為世間帶來一切光明，而人的眼睛
能夠觀盡天地萬物，所以用離卦表示人的眼睛。

艮為手：艮代表手。從卦象上說，上方一個陽爻，下面兩
支都是陰爻，其形狀如同一個人在用兩隻手做事
情，所以艮卦代表手。

兌為口：兌卦代表湖海，是平地上的缺口。人最大的缺口
就是嘴。兌加上豎心旁就成了悅字，人在高興的
時候往往會大談闊論。所以用口來代表兌卦的德
性。

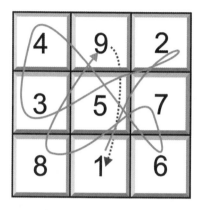 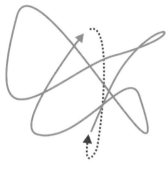

　　感謝古代聰明的賢人幫我們找到一個好用的公式，這是根據洛書數字順序行走的路線，如果你查看農民曆，你就會發現上面書寫今年是哪顆星飛入中宮（九宮格的中央位置），整個數字定位後，就會有人告訴你今年流年的文昌位在哪裡，財位在哪裡，哪裡要放什麼東西以避災等等，其主要理論根據就是這個九宮飛星，這也是風水理論的最初階，以後才有更細緻的二十四山及其他更進階的公式，但是以使用芳香精油應用於生活空間改善而言，只要懂得風水初階知識就足夠了。

　　每個位置都有數字，每個數字就如前述各有星曜與作

用，所以香港市民會朗朗上口的話，簡單明白，例如「二黑細病位」、「三碧嗌交爭吵位」、「五黃大病位」、「八白財星」、「九紫喜慶位」等即是。而九宮在日本稱為「九星氣學」，數百年前自中國傳入，日常應用於卜筮擇日和風水。

上述的曲線就是從一至九運作的路徑圖，放任何數字在中間，其輪飛的順序就是依這個公式走。

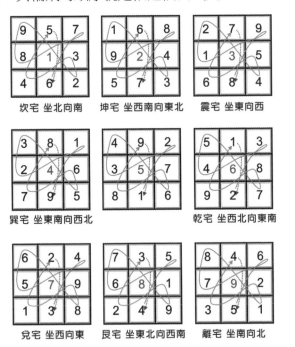

坎宅 坐北向南　　坤宅 坐西南向東北　　震宅 坐東向西

巽宅 坐東南向西北　　　　乾宅 坐西北向東南

兌宅 坐西向東　　艮宅 坐東北向西南　　離宅 坐南向北

這個方格的方位再次提醒，下方是北方，上方是南方，左邊是東方，右邊是西方，因為房屋的坐向不同，八個方向就有八個格局，八個數字排列。你現在先瞭解這些數字的排列方式，至於如何應用則後面再詳述。

以最中間那個洛書的數字，5 在中間，1 到 9 的數字運行的順序，其他八個數字各代表八個卦位，八個方向，八個房屋坐向。

所以依左上角為例，中間的數字是 1，那是因為 1 在洛書位於北方，是坎卦的位置，以房屋坐向而言，就是坐北朝南，就稱為坎宅。就把代表坎的「1」數字放在中間，依順序開始排列，2 就往右下方走，3 就往上一格，4 就向下象棋的馬跳到左下方，5 跳到正中上方，6 重回正下方，7 跳到右上方，8 跳到左邊中間，9 往上，然後像溜滑梯似的，接下來順序的數字就滑向右下方。

其他坐向的數字放在中間，順序依此輪飛定位。

　　所以懂風水理論的朋友到你的房子，第一步先確定房屋的坐向，當他知道你的房子是坐南朝北，查看洛書的數字對應到後天八卦，南方在洛書的數字是9是離卦，所以這間房屋是離宅數字代號9，就把9這個數字放在中宮，其輪飛的順序正如前述所說，各個星都就定位了。(如右

圖）

　同理，坐北向南的房子（如左圖），由於後天八卦的北方是坎卦，對應於洛書就是數字 1，所以把 1 放入中宮，房屋各位置就底定。

　為什麼要區分這九個星位呢？特別是九個星都各代表不同的意義，也就是在房屋內各角落所聚集氣場的性質不一樣，有好有壞，有讓你容易生病，也有讓你讀書順利。

　我能夠提出解釋的，是從物理方面推演而來的。以細針刺狀奈米氧化鋅為例，但是該材料在水裡面無法放太久，因為會自動結合綁住附著在水桶邊，堅硬到刮也刮不除。

　依照物理原則，尖刺之物的尾端尖尖處正離子都聚在那裡，而負離子則都聚集在中心處，就這樣，正離子慢慢會去找其他奈米氧化鋅中間的負離子，正、負離子兩者自然就黏在一起，因而容易結硬塊。自然界會依照物體的形狀而集中同類的離子，如果換成是氣流的話，各空間的能

量聚集性質也會不一樣。

　　讓大地的氣流入房屋後，因為流進的方位不同，房屋內各角落所聚集的氣場能量，應該不一樣，這個無形的氣團有時候會讓你讀書領悟力比較快，所以那個位置就是文昌位；某個特定位置聚集增加好運財富的能量，那個位置就是財位。

　　有陽就有陰，相對地也會有一些晦氣聚集，好和壞都平衡，我們無法去拒絕不好的氣場留置，但是我們可以想辦法抑制或流洩它的凶性，例如在那個地方做廁所將晦氣沖刷掉，讓這個房子在和諧平衡狀態中，提升生機。

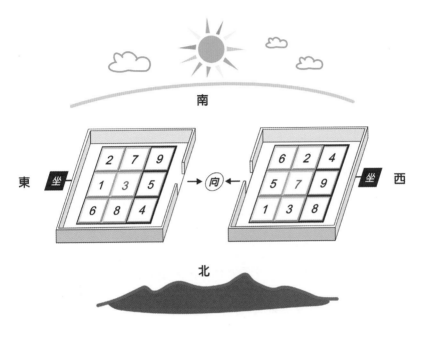

　　站在大門口，或是客廳大窗戶，如果外面有風吹進來就是好事，表示外面的氧氣有流進屋內，人體可以獲得健康，同時也表示這是好的陽氣能量進來。

　　房屋內有陰有陽，是太極的基本概念，氣場能量也是有好有壞，既然大門或客廳大窗戶進來陽氣能量，所以廁所晦氣應該想辦法排出去，這樣就會產生兩種功能，一是

廁所晦氣排出去形成負氣壓，因而促使外面的正氣壓空氣流進來，二是因此而造成了房屋內空氣的自然緩慢流動，而且流進來的都是外面新鮮的氧氣，這就是簡單的居家風水原則。

坐東向西的房屋（如上圖），東方震卦的數字是3，所以3放在中間，依著順序就排定，那麼在整個房屋大格局上面，4代表文曲星，落在西北方（右下角），坐文昌位，如果那個房間剛好是小孩的房間，真好；如果是廁所位置就沖掉了，小孩子讀書真的是全部要靠自己的努力了，比較沒有房屋的氣運加以提升協助。

數字2在東南方（左上角），代表二黑巨門星，前述有提到是為梟神，晦氣病符，憂愁抑鬱。婦人見之主是非、訟災、流產、久病等。那位置如果是臥室的話，住的人比較會生病，最好是當倉庫吧。

坐西向東的房屋（如下圖），西方兌卦代表數字是7，就把7放在中宮，再依輪飛順序排定，4就落在西南方，2

就在正南方，房屋因為坐向的不同，各位置聚集的氣場性質就不同，當然，陽宅還要觀外局配合內部，但是本書只引導使用五行芳香精油對於陽宅的應用，你只要先知道這些基本理論即可應用。

坐西北向東南的房屋（如左圖），是乾宅代號是6，就把6放入中宮依輪飛順序排定，4文昌位在東方，4文曲星屬木，而東方在八卦的定位是屬於震卦，震卦也屬木，那麼如果要加強文昌位的氣運的話，就芳香精油來說，應該使用五行屬於木氣的精油再予增強木性能量。

那麼2巨門星落在北方，二黑巨門星屬土，而北方是坎卦的位置，屬水；既然2是會生病的晦氣，我們就應該想辦法化解它，依木火土金水五行的生剋順序，土生金，金生水，或是使用木剋土，用以抑制土性凶煞能量。你想想，一個人拿著棒子要威嚇你不要再動了，你雖然會因為害怕而不敢動，但是心裡面還是有反抗心，只要有機會，你就會起身抵抗；所以如果使用木性精油去抑制土性能量，可能會有難測的後遺症。

又如果有人在你面前拿錢晃來晃去，邀你一起去玩樂，你當然會耗盡一切的精力跟他一起去，玩到累趴了。所以基於貪生而忘剋的原理，我們會應優先使用金氣，而

不先考慮使用木氣，因為土生金，金性能量如果增強就會洩掉土氣；又因為加強了金氣，剛好金生水，帶給北方坎卦的水氣，就這樣土生金，金生水，著實無形地把「二黑巨門星屬土」晦氣弄消散了。

好的氣就去加強他，直接拿一樣的氣補足，也可以用生的方式去補強，要用哪一種方式，還要配合該位置的後天八卦屬性而定。

至於坐東南向西北的房屋（如右圖），東南是巽宅代號是 4，就把 4 放入中宮依輪飛順序排定，其東南方數字 3 就是香港人口中的「三碧嗌交爭吵位」，3 在後天八卦是震卦屬木，又落在東南方巽卦屬木之木，木和木同比木氣更強，會產生爭吵現象的機率升高，所以要洩掉木氣才是，木生火，所以如果擺放火氣或是與火相關的物品，或是火性精油，以洩掉過盛的木氣。

五行相生相剋和八卦等交互應用，在自成一個體系之下，可以應付大部份的人事問題。

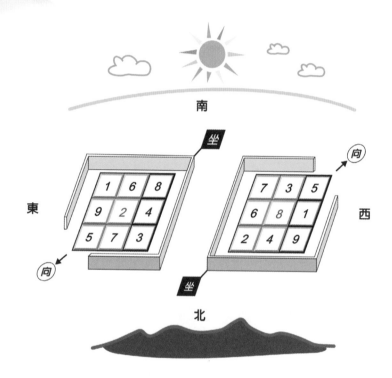

　　坐西南朝東北的房屋 (如上圖)，西南方在後天八卦
是坤位，屬土，洛書的數字對應是 2，所以將 2 放在中間，
風水理論發展到最後就是一些公式，就像數學一樣，風水
這些公式也是經過實務驗證不斷修改而形成，也是有邏輯

的。

數字 5 就落在東北方，5 是最麻煩的數字，前述香港人稱「五黃大病位」，五黃廉貞星居中宮屬土。為戊己大煞，不論生剋，皆凶，宜靜不宜動，宜洩不宜剋，主無端惹禍，意外橫災，頑症手術，口舌是非，家中失竊，官非破財。

所以如果東北方是一間臥室，就要謹慎地想辦法化解這個凶惡的土氣，盡量不要驚動到五黃，動則凶，所以這就是為何農民曆會說今年哪一方不要動土，都是在避二黑和五黃，特別是五黃。

要把五黃土氣的凶性降到最低，千萬不要想要去剋它，凶惡的土氣會超不爽的；要想辦法洩五黃土性能量，讓它爽爽地不自覺衰落下去。就用金氣吧！因為土生金，金多則土洩除，但是東北方的後天八卦位置是艮卦屬土，本身就是土氣的地，這房子的坐向聚集在東北方又增強了土性能量，土生金，金洩土，可見這個位置要使用非常多

的金氣啊！

　　而坐東北向西南的房屋(如上圖)，東北方在後天八卦是艮卦定為艮宅，數字是8，將8放入中宮，依輪飛的順序排盤，數字5五黃就落在西南方，你就要注意這個五黃土性能量在西南方，要特別留意住在該房間的人。

第二單元 之一

四種格局五行屬性增強建議

第二單元之一
四種格局五行屬性增強建議

1. **房屋屋型**
2. **坐向決定文昌位**
3. **坐向決定病符位**
4. **坐向決定中宮煞**

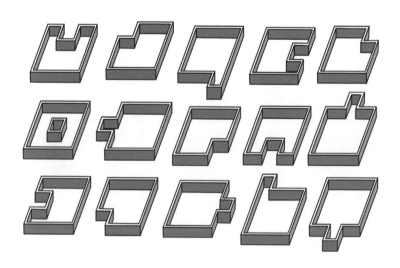

不是所有的房子都是方正的，尤其在都會地區寸土寸金，現有的地基形狀就充分利用，所以才會造就出各種不同形狀的房屋，有缺角，也有凸角，更有斜角的。

依照上述的屋內音頻共鳴的原理，缺角凸角的房屋一定不如四面正方房屋來得有和諧性，其聲波音頻應該有某處特強或特弱，該怎麼處理呢？

以下就大致依房屋坐向與形狀，做一個基本的說明；至於更後續的研究，諸如流年、主人生辰等細項則不在本書討論。就以芳香精油改善生活環境的前提下，這些基本理論其實已經夠用了。

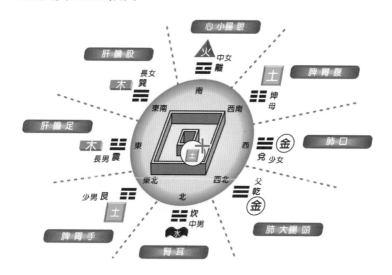

你住的房屋缺了中心位。缺土性能量，長期住在這裡，身體屬土的足太陰脾經（反映在胃腸疾病、脾臟、胃、食道等）、足陽明胃經（反映在消化器官、腸胃病、發熱病、頭面鼻齒喉等）的運行就會比較弱，容易引起脾、胃、口腔和皮層下的疾病。

這時候要在房屋內增加土氣。

可使用火土相生，或土金相生的精油，例如羅勒、黑胡椒、豆蔻、雪松、肉桂、快樂鼠尾草、乳香、尤加利、薑、柑橘、葡萄柚、真正薰衣草、廣藿香、檀香、百里香等單方精油，或是選以上幾個精油調成複方精油。

這其中以雪松、肉桂、乳香、真正薰衣草這四個精油最為合適，因為火土相生，其土性能量更強，以上除了精油以外，也可以在家裡擺放雪松、肉桂、乳香、薰衣草等小盆栽，不僅可以美化家裡的擺飾，同時也可以藉由植物自然產生的花香氣味，穩定地釋放土性能量。

但是不建議使用乾燥花，一方面不是活的植物，另一

方面乾燥花已經無法再持續揮發香味，其功能只有好看而已。另外，特別留意所使用的精油一定是原生植物百分百自然萃取的，如果使用化學香料調製，則不具任何對人體和場域有益之效果。因此，本書之後所舉之香草植物的案例皆適用之。

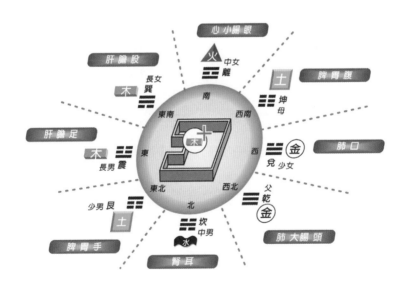

　　你住的房子東方有缺，東屬木，長子，約31至45歲的男性，會較為膽氣弱，肝氣不足，缺乏決斷力，魄力不

足，缺少活力。有時候筋易疲，目易昏，對長子不利。因為房子缺了木性能量，身體相對應的足厥陰肝經(反映在消化器官、腸胃病、發熱病、頭面鼻齒喉等)、足少陽膽經(反映在膽、胰臟等消化附屬器官)，對家中長男最為不利，這是如前述依八卦屬性對應的人事親等。

這時候要在靠東方某處增加木氣。

可使用水木相生，或木火相生的精油，例如月桂、肉桂、茴香、乳香、天竺葵、牛膝草、茉莉、杜松、檸檬、馬鬱蘭、甜橙、奧圖玫瑰、迷迭香、岩蘭草、依蘭依蘭等單方精油，或是選以上幾個精油調成複方精油。

這其中以茴香、天竺葵、牛膝草、茉莉、檸檬、馬鬱蘭、甜橙、奧圖玫瑰、岩蘭草、依蘭依蘭這十個精油最為合適，因為水木相生更增強木氣，或是只有單一木氣的精油，即可增強木性能量。

茉莉被有些風水師視為適合居家的植物，如果其香味可以接受，不妨優先考慮使用茉莉盆栽；其他如茴香、天

竺葵、牛膝草、馬鬱蘭、玫瑰等小盆栽,也可以在家裡擺放,不僅可以美化家裡的擺飾,同時也可以藉由植物自然產生的花香氣味,穩定地釋放木性能量。

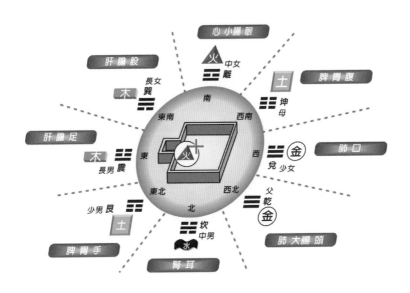

你住的房子東方有凸角,東方震卦木氣過盛,家裡的人的腳部和肝臟較容易有毛病,也不利長男的運勢,容易脾氣暴躁,較常和別人起衝突,精神方面也容易緊張。因為房子的木性能量過於旺盛,身體相對應的足厥陰肝經(反

映在消化器官、腸胃病、發熱病、頭面鼻齒喉等)、足少
陽膽經(反映在膽、胰臟等消化附屬器官)，對這些器官和
疾病就會有不穩定的反映。

　　這時候要在靠東方凸出處增加火氣，木生火，以洩過
多的木氣。

　　可使用木火相生，或火土相生的精油，例如月桂、雪
松、肉桂、乳香、杜松、真正薰衣草、迷迭香、綠花白千
層等單方精油，或是選以上幾個精油調成複方精油。

　　這其中以雪松、肉桂、乳香、真正薰衣草、綠花白千
層這五個精油最為合適，因為火土相生可大洩木氣，或是
只有單一火氣的精油，即可洩掉木性能量。

　　薰衣草被有些風水師視為適合居家的植物，如果其香
味可以接受，不妨優先考慮使用薰衣草盆栽；其他如雪松、
肉桂等小盆栽，也可以在家裡擺放，不僅可以美化家裡的
擺飾，同時也可以藉由植物自然產生的花香氣味，穩定地
釋放火性能量。

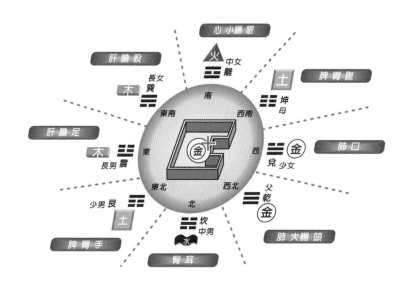

你住的房子西方缺角,西方兌卦屬金,凹陷則缺金氣,會影響家中少女的身體健康,尤其是 15 歲以下的女生。因為房子缺了金性能量,身體相對應的手太陰肺經 (反映在喉、胸、肺部、呼吸系統)、手陽明大腸經 (反映在下腸胃道、排泄系統、頭面耳鼻喉等) 會有不良反應,家人較容易患咽喉疾病、肺病、聲音沙啞等病症。少女尤其要特別注意遭受利器所傷。有可能皮膚不好,鼻腔呼吸容易出

毛病。

這時候要在靠西方某處增加金氣。

可使用土金相生，或金水相生的精油，例如羅勒、佛手柑、黑胡椒、豆蔻、雪松、德國洋甘菊、羅馬洋甘菊、快樂鼠尾草、尤加利、薑、葡萄柚、永久花、柑橘、馬鬱蘭、廣藿香、薄荷、檀香、百里香等單方精油，或是選以上幾個精油調成複方精油。

這其中以羅勒、佛手柑、黑胡椒、豆蔻、雪松、德國洋甘菊、羅馬洋甘菊、快樂鼠尾草、尤加利、薑、葡萄柚、永久花、柑橘、廣藿香、薄荷、檀香、百里香這十七個精油最為合適，因為土金相生可大增金氣，或是只有單一金氣的精油，即可增強補足金性能量。

薄荷被有些風水師視為適合居家的植物，如果其香味可以接受，不妨優先考慮使用薄荷盆栽；其他如羅勒、佛手柑、雪松、快樂鼠尾草、尤加利、永久花、廣藿香、檀香、百里香等小盆栽，也可以在家裡擺放，不僅可以美化家裡

的擺飾，同時也可以藉由植物自然產生的花香氣味，穩定地釋放金性能量。

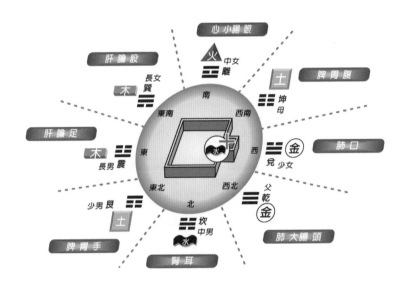

你住的房子西方凸角，西方兌卦金氣過盛，身體相對應的手太陰肺經（反映在喉、胸、肺部、呼吸系統）、手陽明大腸經（反映在下腸胃道、排泄系統、頭面耳鼻喉等）可能有過激的反應；家裡的人容易有口舌和氣管的疾病，少女也會比較任性驕縱，因為愛出風頭惹一些麻煩。

這時候要在靠西方凸出處增加水氣，以洩掉過多的金氣。

可使用水木相生的精油，例如牛膝草、檸檬香茅、馬鬱蘭、茶樹、岩蘭草、依蘭依蘭等單方精油，或是選以上幾個精油調成複方精油，即可增強補足水性能量。

也可以在該處擺放牛膝草、馬鬱蘭、茶樹等小盆栽，不僅可以美化家裡的擺飾，同時也可以藉由植物自然產生的花香氣味，穩定地釋放水性能量。

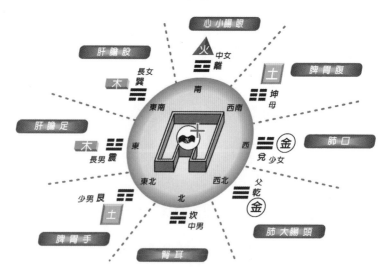

你住的房子的北方有缺角，北方坎卦屬水，凹陷則缺水氣，身體相對應的足少陰腎經（反映在腎臟、生殖系統、小腹、腸病）、足太陽膀胱經（反映在排泄器官、眼鼻頭頸、腰背）可能有不穩定的反應；對家中的中男不利，家人也較容易患有腎病、耳聾、膀胱等毛病。可能也會產生泌尿生殖系統虛弱、聽力不佳、身體弱。

這時候要在靠北方的某處增強水氣。

可使用水木相生的精油，例如牛膝草、檸檬香茅、馬鬱蘭、茶樹、岩蘭草、依蘭依蘭等單方精油，或是選以上幾個精油調成複方精油，即可增強補足水性能量。

也可以在該處擺放牛膝草、馬鬱蘭、茶樹等小盆栽，不僅可以美化家裡的擺飾，同時也可以藉由植物自然產生的花香氣味，穩定地釋放水性能量。

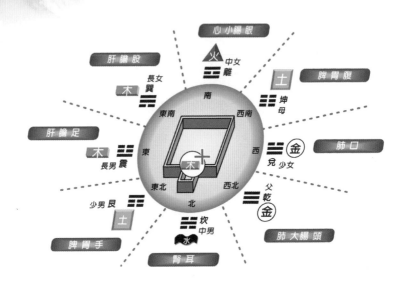

　　你住的房子的北方有凸角，北方坎卦水氣過盛，身體相對應的足少陰腎經（反映在腎臟、生殖系統、小腹、腸病）、足太陽膀胱經（反映在排泄器官、眼鼻頭頸、腰背）可能有過激的反應；對家人的泌尿系統較有問題，家裡中男的個性較傾向外向多變，難以專心做事情。

　　這時候要在靠北方的凸出處增強木氣，以洩掉過旺的水氣。

可使用水木相生，或木火相生的精油，例如月桂、肉桂、茴香、乳香、天竺葵、牛膝草、茉莉、杜松、檸檬、馬鬱蘭、甜橙、奧圖玫瑰、迷迭香、岩蘭草、依蘭依蘭等單方精油，或是選以上幾個精油調成複方精油。

這其中以茴香、天竺葵、牛膝草、茉莉、檸檬、馬鬱蘭、甜橙、奧圖玫瑰、岩蘭草、依蘭依蘭這十個精油最為合適，因為水木相生更增強木氣，或是只有單一木氣的精油，即可增強木性能量。

茉莉被有些風水師視為適合居家的植物，如果其香味可以接受，不妨優先考慮使用茉莉盆栽；其他如茴香、天竺葵、牛膝草、馬鬱蘭、玫瑰等小盆栽，也可以在家裡擺放，不僅可以美化家裡的擺飾，同時也可以藉由植物自然產生的花香氣味，穩定地釋放木性能量。

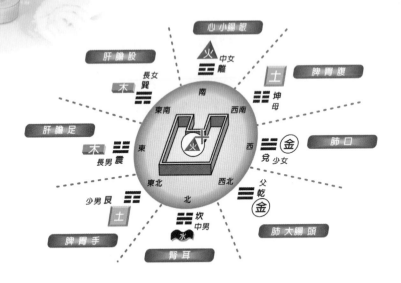

你住的房子的南方缺角，南方離卦屬火，凹陷則缺火氣，身體相對應的手少陰心經（反映在血液循環系統、心和神志）、手厥陰心包經（反映在心臟、肺臟、胃、神志）、手太陽小腸經（反映在頭部兩側、耳部、消化器官），可能有不穩定的反應。會影響家裡中女的身體健康、財運和事業，大約是 16 至 30 歲的女性。家人較容易患心臟病、眼疾等症狀。可能會有思路不清、心力不濟、血液循環不良的情況。

這時候在靠南方某處增強火氣。

可使用木火相生，或火土相生的精油，例如月桂、雪松、肉桂、乳香、杜松、真正薰衣草、迷迭香、綠花白千層等單方精油，或是選以上幾個精油調成複方精油。

這其中以月桂、肉桂、乳香、杜松、迷迭香、綠花白千層這六個精油最為合適，因為木火相生可大增火氣，或是只有單一火氣的精油，即可增強火性能量。

也可以採用月桂、肉桂、迷迭香等小盆栽在家裡擺放，不僅可以美化家裡的擺飾，同時也可以藉由植物自然產生的花香氣味，穩定地釋放火性能量。

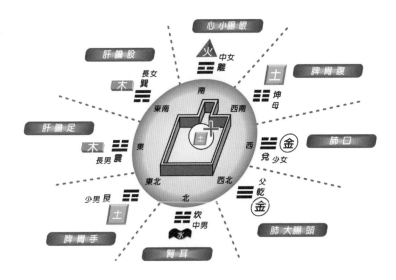

你住的房子的南方凸角，南方離卦火氣過盛，身體相對應的手少陰心經(反映在血液循環系統、心和神志)、手厥陰心包經(反映在心臟、肺臟、胃、神志)、手太陽小腸經(反映在頭部兩側、耳部、消化器官)，可能會有過激的反應。需要對流行性疾病加以提防，也要留意因為火氣過猛而引發的燙傷、漏電、火災等意外。家裡中女的藝術才華較容易提升，但是在性格方面會越來越固執，較難與人相處。

這時候在南方凸出處增強土氣，火生土，以洩過旺的火氣。

可使用火土相生，或土金相生的精油，例如羅勒、黑胡椒、豆蔻、雪松、肉桂、快樂鼠尾草、乳香、尤加利、薑、柑橘、葡萄柚、真正薰衣草、廣藿香、檀香、百里香等單方精油，或是選以上幾個精油調成複方精油。

這其中以羅勒、黑胡椒、豆蔻、雪松、快樂鼠尾草、尤加利、薑、柑橘、葡萄柚、廣藿香、檀香、百里香這

十二個精油最為合適，因為土金相生，其土性能量更強，以上除了精油以外，也可以在家裡擺放羅勒、雪松、快樂鼠尾草、廣藿香、檀香、百里香等小盆栽，不僅可以美化家裡的擺飾，同時也可以藉由植物自然產生的花香氣味，穩定地釋放土性能量。

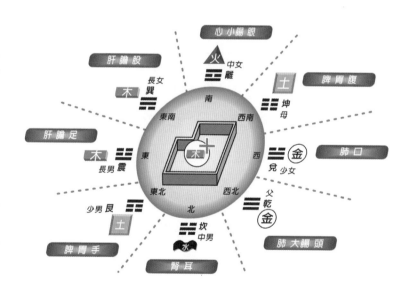

　　你住的房子的東南方缺角，東南方巽卦屬木，凹陷則缺木氣，身體相對應的足厥陰肝經（反映在消化器官、腸

胃病、發熱病、頭面鼻齒喉等)、足少陽膽經(反映在膽、胰臟等消化附屬器官)，對這些器官和疾病就會有不穩定的反應。居住的人容易得肝病，或是血液循環不佳，臀部容易撞傷擦損，較會得到坐骨神經痛等毛病。尤其是長女的健康會特別差，而且做事情較為衝動，少與人商量。

這時候在靠東南方處增強木氣。

可使用水木相生，或木火相生的精油，例如月桂、肉桂、茴香、乳香、天竺葵、牛膝草、茉莉、杜松、檸檬、馬鬱蘭、甜橙、奧圖玫瑰、迷迭香、岩蘭草、依蘭依蘭等單方精油，或是選以上幾個精油調成複方精油。

這其中以茴香、天竺葵、牛膝草、茉莉、檸檬、馬鬱蘭、甜橙、奧圖玫瑰、岩蘭草、依蘭依蘭這十個精油最為合適，因為水木相生更增強木氣，或是只有單一木氣的精油，即可增強木性能量。

茉莉被有些風水師視為適合居家的植物，如果其香味可以接受，不妨優先考慮使用茉莉盆栽；其他如茴香、天

竺葵、牛膝草、馬鬱蘭、玫瑰等小盆栽，也可以在家裡擺放，不僅可以美化家裡的擺飾，同時也可以藉由植物自然產生的花香氣味，穩定地釋放木性能量。

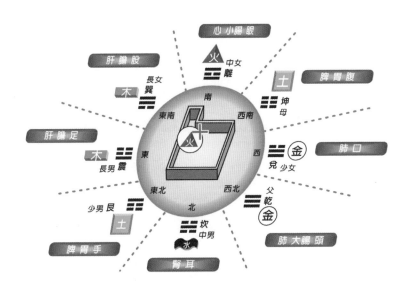

你住的房子的東南方凸角，東南方巽卦木氣過盛，身體相對應的足厥陰肝經（反映在消化器官、腸胃病、發熱病、頭面鼻齒喉等）、足少陽膽經（反映在膽、胰臟等消化附屬器官），對這些器官和疾病就會有過激的反應。容易

影響家人的血液循環，或是罹患腸胃、風濕等毛病。不利長女的運勢，比較會具有優柔寡斷的性格。

這時候在靠東南方凸出處增強火氣，木生火，以洩掉過盛的木氣。

可使用木火相生，或火土相生的精油，例如月桂、雪松、肉桂、乳香、杜松、真正薰衣草、迷迭香、綠花白千層等單方精油，或是選以上幾個精油調成複方精油。

這其中以雪松、肉桂、乳香、真正薰衣草、綠花白千層這五個精油最為合適，因為火土相生可大洩木氣，或是只有單一火氣的精油，即可洩掉木性能量。

薰衣草被有些風水師視為適合居家的植物，如果其香味可以接受，不妨優先考慮使用薰衣草盆栽；其他如雪松、肉桂等小盆栽，也可以在家裡擺放，不僅可以美化家裡的擺飾，同時也可以藉由植物自然產生的花香氣味，穩定地釋放火性能量。

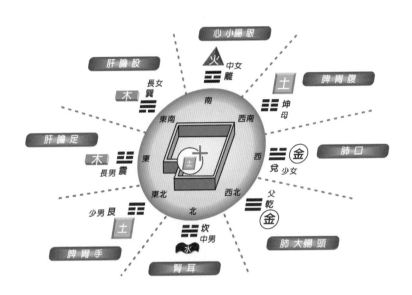

心 小腸 眼

肝膽 股

長女 巽

木

火 中女 離

土 坤 母

脾胃腹

肝膽 足

木 長男 震

南

東南 西南

東 西

東北 西北

北

金 兌 少女

肺 口

金 乾 父

少男 艮

土

水 坎 中男

脾胃 手

腎 耳

肺 大腸 頭

　　你住的房子的東北方缺角，東北方艮卦屬土，凹陷則
缺土氣，身體屬土的足太陰脾經（反映在胃腸疾病、脾臟、
胃、食道等）、足陽明胃經（反映在消化器官、腸胃病、發
熱病、頭面鼻齒喉等）則有不穩定的反應。代表對少男不
好，家人也容易罹患脾胃病，手指和鼻部也容易出毛病。

　　這時候在靠東北方某處增強土氣。

　　可使用火土相生，或土金相生的精油，例如羅勒、黑

胡椒、豆蔻、雪松、肉桂、快樂鼠尾草、乳香、尤加利、薑、柑橘、葡萄柚、真正薰衣草、廣藿香、檀香、百里香等單方精油，或是選以上幾個精油調成複方精油。

這其中以雪松、肉桂、乳香、真正薰衣草這四個精油最為合適，因為火土相生，其土性能量更強，以上除了精油以外，也可以在家裡擺放雪松、肉桂、乳香、薰衣草等小盆栽，不僅可以美化家裡的擺飾，同時也可以藉由植物自然產生的花香氣味，穩定地釋放土性能量。

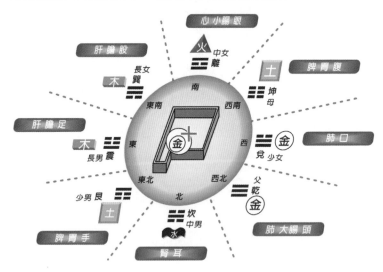

你住的房子的東北方凸角，東北方艮卦土氣過盛，對應到身體是足太陰脾經(反映在胃腸疾病、脾臟、胃、食道等)、足陽明胃經(反映在消化器官、腸胃病、發熱病、頭面鼻齒喉等)則有過激的反應。在家裡的少男，身體方面的胃部、背部、鼻子、手指、關節等，可能有阻塞、腫瘤、腫塊等現象。家人較容易罹患腫瘤、囊腫增生等毛病。少男除了健康狀況較差之外，在性格上也較為好勝，不安於本份。

　　這時候在靠東北方凸出處增強金氣，土生金，以洩掉過盛的土氣。

　　可使用土金相生，或金水相生的精油，例如羅勒、佛手柑、黑胡椒、豆蔻、雪松、德國洋甘菊、羅馬洋甘菊、快樂鼠尾草、尤加利、薑、葡萄柚、永久花、柑橘、馬鬱蘭、廣藿香、薄荷、檀香、百里香等單方精油，或是選以上幾個精油調成複方精油。

　　這其中以德國洋甘菊、羅馬洋甘菊、永久花、馬鬱蘭、

薄荷這五個精油最為合適，因為金水相生可大增金氣而洩除土氣，或是只有單一金氣的精油，即可增強補足金性能量。

　　薄荷被有些風水師視為適合居家的植物，如果其香味可以接受，不妨優先考慮使用薄荷盆栽；也可採用永久花小盆栽在家裡擺放，不僅可以美化家裡的擺飾，同時也可以藉由植物自然產生的花香氣味，穩定地釋放金性能量。

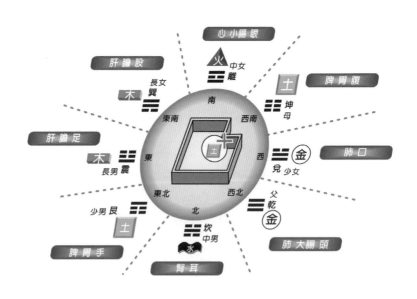

你住的房子的西南方缺角，西南方坤卦屬土，凹陷則缺土氣，對應到身體是足太陰脾經(反映在胃腸疾病、脾臟、胃、食道等)、足陽明胃經(反映在消化器官、腸胃病、發熱病、頭面鼻齒喉等)則有不穩定的反應。代表對母親、女主人，尤其是46歲以上的女性不好。家人也較容易患有脾胃病、腹部疾病等。

這時候要在西南方某處增強土氣。

可使用火土相生，或土金相生的精油，例如羅勒、黑胡椒、豆蔻、雪松、肉桂、快樂鼠尾草、乳香、尤加利、薑、柑橘、葡萄柚、真正薰衣草、廣藿香、檀香、百里香等單方精油，或是選以上幾個精油調成複方精油。

這其中以雪松、肉桂、乳香、真正薰衣草這四個精油最為合適，因為火土相生，其土性能量更強，以上除了精油以外，也可以在家裡擺放雪松、肉桂、乳香、薰衣草等小盆栽，不僅可以美化家裡的擺飾，同時也可以藉由植物自然產生的花香氣味，穩定地釋放土性能量。

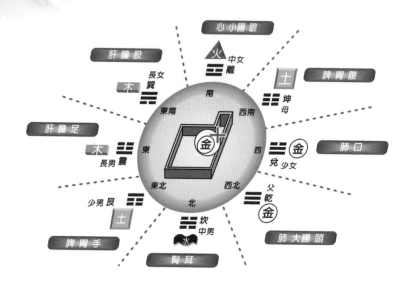

　　你住的房子的西南方凸角，西南方坤卦土氣過盛，對
應到身體是足太陰脾經（反映在胃腸疾病、脾臟、胃、食
道等）、足陽明胃經（反映在消化器官、腸胃病、發熱病、
頭面鼻齒喉等）則有過激的反應。家中比較容易出現肚子
肥胖的人，而且家人容易患有皮膚及腸胃等疾病。母親或
女主人的權力容易過大，其壓力令男性較沒有地位。

　　這時候要在西南方凸出處增強金氣，土生金，以洩掉

旺盛的土氣。

可使用土金相生，或金水相生的精油，例如羅勒、佛手柑、黑胡椒、豆蔻、雪松、德國洋甘菊、羅馬洋甘菊、快樂鼠尾草、尤加利、薑、葡萄柚、永久花、柑橘、馬鬱蘭、廣藿香、薄荷、檀香、百里香等單方精油，或是選以上幾個精油調成複方精油。

這其中以德國洋甘菊、羅馬洋甘菊、永久花、馬鬱蘭、薄荷這五個精油最為合適，因為金水相生可大增金氣而洩除土氣，或是只有單一金氣的精油，即可增強補足金性能量。

薄荷被有些風水師視為適合居家的植物，如果其香味可以接受，不妨優先考慮使用薄荷盆栽；也可採用永久花小盆栽在家裡擺放，不僅可以美化家裡的擺飾，同時也可以藉由植物自然產生的花香氣味，穩定地釋放金性能量。

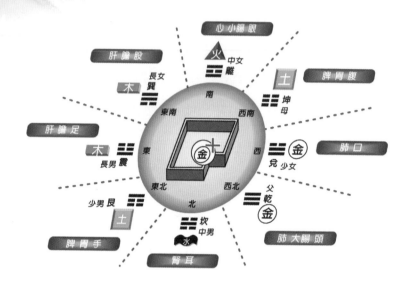

　　你住的房子的西北方缺角，西北方乾卦屬金，凹陷則缺金氣，身體相對應的手太陰肺經（反映在喉、胸、肺部、呼吸系統）、手陽明大腸經（反映在下腸胃道、排泄系統、頭面耳鼻喉等）可能有不穩定的反應。代表對男主人的身體健康狀況較差，容易患上筋骨疾病、肺病。而且男主人也較沒有威嚴，事業不順，因而導致夫妻不和等問題。

　　這時候要在靠西北方某處增強金氣。

可使用土金相生，或金水相生的精油，例如羅勒、佛手柑、黑胡椒、豆蔻、雪松、德國洋甘菊、羅馬洋甘菊、快樂鼠尾草、尤加利、薑、葡萄柚、永久花、柑橘、馬鬱蘭、廣藿香、薄荷、檀香、百里香等單方精油，或是選以上幾個精油調成複方精油。

這其中以羅勒、佛手柑、黑胡椒、豆蔻、雪松、德國洋甘菊、羅馬洋甘菊、快樂鼠尾草、尤加利、薑、葡萄柚、永久花、柑橘、廣藿香、薄荷、檀香、百里香這十七個精油最為合適，因為土金相生可大增金氣，或是只有單一金氣的精油，即可增強補足金性能量。

薄荷被有些風水師視為適合居家的植物，如果其香味可以接受，不妨優先考慮使用薄荷盆栽；其他如羅勒、佛手柑、雪松、快樂鼠尾草、尤加利、永久花、廣藿香、檀香、百里香等小盆栽，也可以在家裡擺放，不僅可以美化家裡的擺飾，同時也可以藉由植物自然產生的花香氣味，穩定地釋放金性能量。

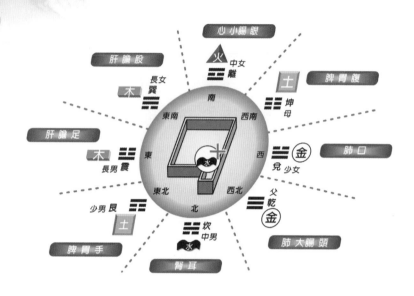

　　你住的房子的西北方凸角，西北方乾卦金氣過盛，身
體相對應的手太陰肺經(反映在喉、胸、肺部、呼吸系統)、
手陽明大腸經(反映在下腸胃道、排泄系統、頭面耳鼻喉
等)可能有過激的反應。住在裡面的人容易有撞傷、擦損
或有頭痛的毛病，雖然父親或男主人的地位會提升，但是
相對地會較變得孤僻，人際關係受影響。

　　這時候要在西北方凸出處增強水氣，金生水，以洩掉

過多的金氣。

可使用水木相生的精油，例如牛膝草、檸檬香茅、馬鬱蘭、茶樹、岩蘭草、依蘭依蘭等單方精油，或是選以上幾個精油調成複方精油，即可增強補足水性能量。

也可以在該處擺放牛膝草、馬鬱蘭、茶樹等小盆栽，不僅可以美化家裡的擺飾，同時也可以藉由植物自然產生的花香氣味，穩定地釋放水性能量。

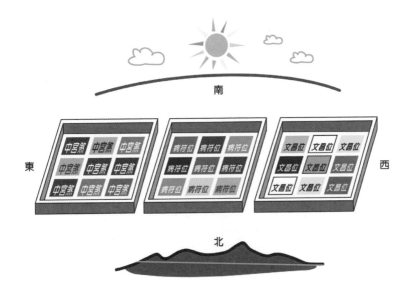

在不同坐向的房子，裡面所聚集特殊效應的氣，位置都各有不同，有吉氣，有凶氣，有喜氣，有財氣，有躁氣等各種能量場域。

本書基於平安喜樂的終極目標，只報一喜，解兩憂。

「報一喜」的是文昌位，你以後選房子的時候至少可以初步判定，這間房子的文昌位是否剛好在廁所，那麼孩子就有考試零分的可能性，不然就是他無法獲得房子運勢的助運，完全憑他的毅力苦讀有成。

「解兩憂」的是具凶險的中宮煞位和病符位，如果這兩個位置是廁所或浴室倒無妨，煞氣沖掉或去除了。但是如果是一間臥室，就要小心居住的人的健康，要預防可能會帶來的病徵傾向。

以上三種位置都有建議加強的氣，以及使用該屬性的精油，以增強好的磁場能量，同時也可因為精油調理身體的功效，兼可預防壞的能量帶來的病徵。

9	5	7
8	1	3
4	6	2

坎宅 坐北向南

　　大地的氣流進入房屋內，坐向的不同，氣流聚集在屋內各角落，所形成的效應各有不同，這個公式就是九宮輪飛，而遇到數字4就是「文昌位」；在文昌位所聚集的能量，讀書可以容易領悟吸收，同時增強自己的考試運勢。

　　坐北朝南的房屋，東北方的房間就是文昌位，八卦的艮位屬土，為了增加文昌位屬木之氣，宜再增加木氣。(文昌位木氣加上木氣精油，剋後天八卦艮位土氣)

可使用水木相生，或木火相生的精油，例如月桂、肉桂、茴香、乳香、天竺葵、牛膝草、茉莉、杜松、檸檬、馬鬱蘭、甜橙、奧圖玫瑰、迷迭香、岩蘭草、依蘭依蘭等單方精油，或是選以上幾個精油調成複方精油。

這其中以茴香、天竺葵、牛膝草、茉莉、檸檬、馬鬱蘭、甜橙、奧圖玫瑰、岩蘭草、依蘭依蘭這十個精油最為合適，因為水木相生更增強木氣，或是只有單一木氣的精油，即可增強木性能量。

茉莉被有些風水師視為適合居家的植物，如果其香味可以接受，不妨優先考慮使用茉莉盆栽；其他如茴香、天竺葵、牛膝草、馬鬱蘭、玫瑰等小盆栽，也可以在家裡擺放，不僅可以美化家裡的擺飾，同時也可以藉由植物自然產生的花香氣味，穩定地釋放木性能量。

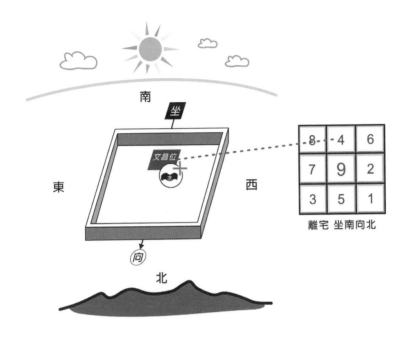

南

坐

東

文昌位

水

西

向

北

8	4	6
7	9	2
3	5	1

離宅 坐南向北

書桌不宜面對臥床，座位後方有實牆最佳，表示有靠山，而且代表有貴人。

坐南朝北的房屋，正南方的房間就是文昌位，八卦的離位屬火，為了平穩增加文昌位屬木之氣，宜再增加水氣。（木生火，八卦離位屬火會洩文昌位的木氣，所以增加水氣精油以生木氣）

可使用水木相生的精油，例如牛膝草、檸檬香茅、馬鬱蘭、茶樹、岩蘭草、依蘭依蘭等單方精油，或是選以上幾個精油調成複方精油，即可增強補足水性能量。

也可以在該處擺放牛膝草、馬鬱蘭、茶樹等小盆栽，不僅可以美化家裡的擺飾，同時也可以藉由植物自然產生的花香氣味，穩定地釋放水性能量。

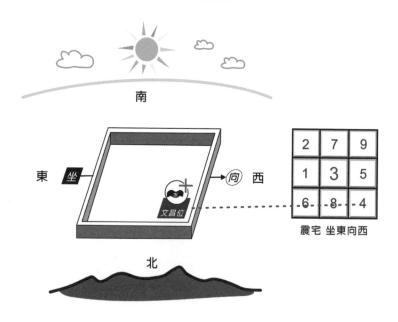

書桌前面最好有明堂，表示前途比較有發展的空間。

書桌不宜背門，就是開門一進來，旁邊就是書桌，容易犯小人。

坐東朝西的房屋，西北方的房間就是文昌位，八卦的乾位屬金，為了化解抑制文昌位屬木之氣，宜再增加水氣。(八卦乾位屬金剋文昌位木氣，所以增加水氣精油，使金生水，水生木，能量順氣)

可使用水木相生的精油，例如牛膝草、檸檬香茅、馬鬱蘭、茶樹、岩蘭草、依蘭依蘭等單方精油，或是選以上幾個精油調成複方精油，即可增強補足水性能量。

也可以在該處擺放牛膝草、馬鬱蘭、茶樹等小盆栽，不僅可以美化家裡的擺飾，同時也可以藉由植物自然產生的花香氣味，穩定地釋放水性能量。

書桌不可沖門，就是正對著門口，會坐立難安，只想要往外跑。

書桌不適合放在橫樑下面，容易思緒不清、頭昏、壓力大。

坐西朝東的房屋，房屋的西南方就是文昌位，八卦的坤位屬土，為了增加文昌位屬木之氣，宜再增加木氣。（文

昌位屬木，再加上木氣精油，以剋八卦坤位屬土）

可使用水木相生，或木火相生的精油，例如月桂、肉桂、茴香、乳香、天竺葵、牛膝草、茉莉、杜松、檸檬、馬鬱蘭、甜橙、奧圖玫瑰、迷迭香、岩蘭草、依蘭依蘭等單方精油，或是選以上幾個精油調成複方精油。

這其中以茴香、天竺葵、牛膝草、茉莉、檸檬、馬鬱蘭、甜橙、奧圖玫瑰、岩蘭草、依蘭依蘭這十個精油最為合適，因為水木相生更增強木氣，或是只有單一木氣的精油，即可增強木性能量。

茉莉被有些風水師視為適合居家的植物，如果其香味可以接受，不妨優先考慮使用茉莉盆栽；其他如茴香、天竺葵、牛膝草、馬鬱蘭、玫瑰等小盆栽，也可以在家裡擺放，不僅可以美化家裡的擺飾，同時也可以藉由植物自然產生的花香氣味，穩定地釋放木性能量。

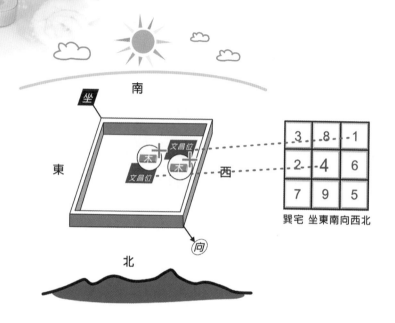

巽宅 坐東南向西北

　　想要苦讀的學子，可以考慮面壁，比較容易集中精神，
同時也比較不會向父母抱怨課業。

　　但是辦公桌就絕對不要面壁，出去受阻，業績遲滯。

　　坐東南朝西北的房屋，中間和西南方的房間就是文昌
位，八卦的坤位屬土，為了增加文昌位屬木之氣，宜再增
加木氣。（文昌位的木氣，再加上木氣精油，以剋八卦坤
位屬土）

可使用水木相生，或木火相生的精油，例如月桂、肉桂、茴香、乳香、天竺葵、牛膝草、茉莉、杜松、檸檬、馬鬱蘭、甜橙、奧圖玫瑰、迷迭香、岩蘭草、依蘭依蘭等單方精油，或是選以上幾個精油調成複方精油。

這其中以茴香、天竺葵、牛膝草、茉莉、檸檬、馬鬱蘭、甜橙、奧圖玫瑰、岩蘭草、依蘭依蘭這十個精油最為合適，因為水木相生更增強木氣，或是只有單一木氣的精油，即可增強木性能量。

茉莉被有些風水師視為適合居家的植物，如果其香味可以接受，不妨優先考慮使用茉莉盆栽；其他如茴香、天竺葵、牛膝草、馬鬱蘭、玫瑰等小盆栽，也可以在家裡擺放，不僅可以美化家裡的擺飾，同時也可以藉由植物自然產生的花香氣味，穩定地釋放木性能量。

　　如果書桌緊鄰廚房，因為火氣的影響，讀書的氣場容易燥熱，會使人情緒不穩定，容易暴躁，無法定心而影響讀書與工作，這時候就要增加土氣化解（火生土），如果和方位所放置的精油屬性不相符合，就兩者都試用比較，選擇依自己感覺最合適者。

　　坐西北朝東南的房屋，東方的房間就是文昌位，八卦的震位屬木，為了增加文昌位屬木之氣，宜再增加木氣。

（文昌位屬木，木氣精油，八卦震卦屬木）

可使用水木相生，或木火相生的精油，例如月桂、肉桂、茴香、乳香、天竺葵、牛膝草、茉莉、杜松、檸檬、馬鬱蘭、甜橙、奧圖玫瑰、迷迭香、岩蘭草、依蘭依蘭等單方精油，或是選以上幾個精油調成複方精油。

這其中以茴香、天竺葵、牛膝草、茉莉、檸檬、馬鬱蘭、甜橙、奧圖玫瑰、岩蘭草、依蘭依蘭這十個精油最為合適，因為水木相生更增強木氣，或是只有單一木氣的精油，即可增強木性能量。

茉莉被有些風水師視為適合居家的植物，如果其香味可以接受，不妨優先考慮使用茉莉盆栽；其他如茴香、天竺葵、牛膝草、馬鬱蘭、玫瑰等小盆栽，也可以在家裡擺放，不僅可以美化家裡的擺飾，同時也可以藉由植物自然產生的花香氣味，穩定地釋放木性能量。

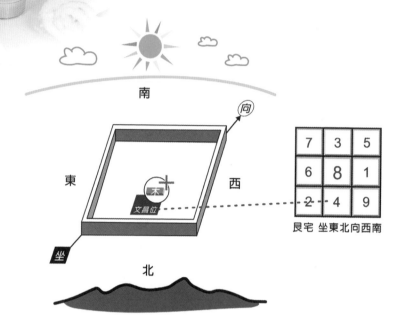

書房不應該在騎樓上方或是廚房上方，下方經常走動或是火氣大，對讀書靜心不利。

書房的門如果正對廁所門，也稱為「汙穢文昌」，這和文昌位正處於廁所位置是一樣的，不利讀書。

坐東北朝西南的房屋，正北方的房間就是文昌位，八卦的坎位屬水，為了增加文昌位屬木之氣，宜再增加木氣。

（水生木，八卦坎位屬水，生了文昌位木氣，再增加木氣精油）

可使用水木相生，或木火相生的精油，例如月桂、肉桂、茴香、乳香、天竺葵、牛膝草、茉莉、杜松、檸檬、馬鬱蘭、甜橙、奧圖玫瑰、迷迭香、岩蘭草、依蘭依蘭等單方精油，或是選以上幾個精油調成複方精油。

這其中以茴香、天竺葵、牛膝草、茉莉、檸檬、馬鬱蘭、甜橙、奧圖玫瑰、岩蘭草、依蘭依蘭這十個精油最為合適，因為水木相生更增強木氣，或是只有單一木氣的精油，即可增強木性能量。

茉莉被有些風水師視為適合居家的植物，如果其香味可以接受，不妨優先考慮使用茉莉盆栽；其他如茴香、天竺葵、牛膝草、馬鬱蘭、玫瑰等小盆栽，也可以在家裡擺放，不僅可以美化家裡的擺飾，同時也可以藉由植物自然產生的花香氣味，穩定地釋放木性能量。

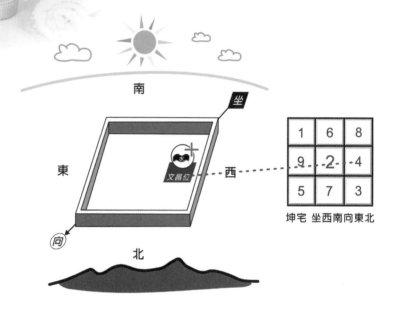

坤宅 坐西南向東北

書桌的座位背後如果開窗，有嚴重犯小人、漏財的問題。

如果公司的辦公桌，則較容易導致公司財務虧損事情的發生。

坐西南朝東北的房屋，西方的房間就是文昌位，八卦的兌位屬金，為了化解抑制文昌位屬木之氣，宜再增加水氣。(金剋木，八卦兌位屬金，金生水，增加水氣精油，

水生木，文昌位木氣，能量順行)

可使用水木相生的精油，例如牛膝草、檸檬香茅、馬鬱蘭、茶樹、岩蘭草、依蘭依蘭等單方精油，或是選以上幾個精油調成複方精油，即可增強補足水性能量。

也可以在該處擺放牛膝草、馬鬱蘭、茶樹等小盆栽，不僅可以美化家裡的擺飾，同時也可以藉由植物自然產生的花香氣味，穩定地釋放水性能量。

坐北朝南的房屋，二黑病符位在西北方的房間，住在這房間的人比較容易神經衰弱、胡思亂想、迷惘。可能也會頭痛、頸部及肺部的疾病。

二黑屬土落於乾位屬金，此時增強水氣，以收土生金，金生水的化解效應。（為了化解二黑土氣，土生金，八卦乾位屬金，金生水，增加水氣精油，能量順行）

可使用水木相生的精油，例如牛膝草、檸檬香茅、馬鬱蘭、茶樹、岩蘭草、依蘭依蘭等單方精油，或是選以上幾個精油調成複方精油，即可增強補足水性能量。

也可以在該處擺放牛膝草、馬鬱蘭、茶樹等小盆栽，不僅可以美化家裡的擺飾，同時也可以藉由植物自然產生的花香氣味，穩定地釋放水性能量。

南

向

中宮煞
金

東　　　　　　　　　西

坐
北

9	5	7
8	1	3
4	6	2

坎宅 坐北向南

　　坐北朝南的房屋，中宮五黃煞位在正南方的房間，住在這房間的人比較容易有血光之災，以及眼部疾病。可能也會有眼睛紅痛、失明、心臟病、血病、血癌的發病傾向。

　　五黃屬土凶性極強落於離位屬火，此時增強金氣，以洩旺盛的土氣。(八卦離位屬火，火生土，補足了中宮五黃屬土的凶性，土生金，使用金氣精油，洩了五黃土氣凶性)

可使用土金相生，或金水相生的精油，例如羅勒、佛手柑、黑胡椒、豆蔻、雪松、德國洋甘菊、羅馬洋甘菊、快樂鼠尾草、尤加利、薑、葡萄柚、永久花、柑橘、馬鬱蘭、廣藿香、薄荷、檀香、百里香等單方精油，或是選以上幾個精油調成複方精油。

這其中以德國洋甘菊、羅馬洋甘菊、永久花、馬鬱蘭、薄荷這五個精油最為合適，因為金水相生可大增金氣而洩除土氣，或是只有單一金氣的精油，即可增強補足金性能量。

薄荷被有些風水師視為適合居家的植物，如果其香味可以接受，不妨優先考慮使用薄荷盆栽；也可採用永久花小盆栽在家裡擺放，不僅可以美化家裡的擺飾，同時也可以藉由植物自然產生的花香氣味，穩定地釋放金性能量。

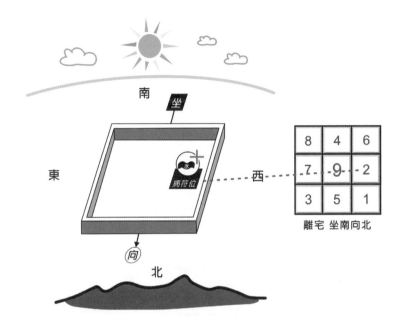

離宅 坐南向北

坐南朝北的房屋，二黑病符位在正西方的房間，住在
這房間的人比較容易腹瀉，同時要提防血光之災、火災。
可能也會有頭痛、頸部及肺部的疾病。

二黑屬土落於兌位屬金，此時增強水氣，以收土生金，
金生水的化解效應。(二黑屬土，土生金，八卦西方兌卦
屬金洩了土氣，金生水，增加水氣精油，能量順勢)

可使用水木相生的精油，例如牛膝草、檸檬香茅、馬

鬱蘭、茶樹、岩蘭草、依蘭依蘭等單方精油，或是選以上幾個精油調成複方精油，即可增強補足水性能量。

　　也可以在該處擺放牛膝草、馬鬱蘭、茶樹等小盆栽，不僅可以美化家裡的擺飾，同時也可以藉由植物自然產生的花香氣味，穩定地釋放水性能量。

離宅 坐南向北

　　坐南朝北的房屋，中宮五黃煞位位在正北方的房間，住在這房間的人比較容易有泌尿系統疾病、女性婦科病

症，以及傷病。可能也會有腎虧、水腫、耳聾等疾病的傾向。

五黃屬土凶性極強落於坎位屬水，此時增強金氣，以收土生金，金生水的化解效應。（中宮五黃屬土凶性，土生金，增加金氣精油以洩五黃凶性土氣，金生水，金氣精油順勢轉移到八卦北方坎卦屬水，化解中宮五黃土氣凶性）

可使用土金相生，或金水相生的精油，例如羅勒、佛手柑、黑胡椒、豆蔻、雪松、德國洋甘菊、羅馬洋甘菊、快樂鼠尾草、尤加利、薑、葡萄柚、永久花、柑橘、馬鬱蘭、廣藿香、薄荷、檀香、百里香等單方精油，或是選以上幾個精油調成複方精油。

這其中以德國洋甘菊、羅馬洋甘菊、永久花、馬鬱蘭、薄荷這五個精油最為合適，因為金水相生可大增金氣而洩除土氣，或是只有單一金氣的精油，即可增強補足金性能量。

薄荷被有些風水師視為適合居家的植物，如果其香味

可以接受，不妨優先考慮使用薄荷盆栽；也可採用永久花小盆栽在家裡擺放，不僅可以美化家裡的擺飾，同時也可以藉由植物自然產生的花香氣味，穩定地釋放金性能量。

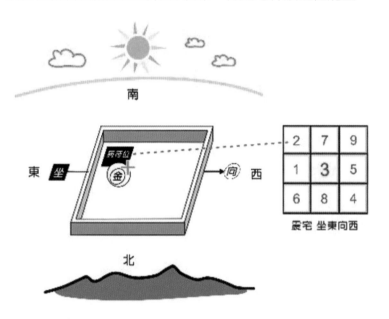

坐東朝西的房屋，二黑病符位在東南方的房間，住在這房間的人比較容易有是非、健康狀態差、呼吸系統的毛病。可能也會肝硬化、肝炎、小腿痛、盤骨痛、毒瘤等疾病的傾向。

二黑屬土落於巽位屬木，本有木剋土的抑制，此時再增強金氣，以洩過旺的土氣。（木剋土，八卦東南方巽卦屬木，就可以剋二黑土氣病符氣，土生金，使用金氣精油再洩除二黑土氣）

可使用土金相生，或金水相生的精油，例如羅勒、佛手柑、黑胡椒、豆蔻、雪松、德國洋甘菊、羅馬洋甘菊、快樂鼠尾草、尤加利、薑、葡萄柚、永久花、柑橘、馬鬱蘭、廣藿香、薄荷、檀香、百里香等單方精油，或是選以上幾個精油調成複方精油。

這其中以德國洋甘菊、羅馬洋甘菊、永久花、馬鬱蘭、薄荷這五個精油最為合適，因為金水相生可大增金氣而洩除土氣，或是只有單一金氣的精油，即可增強補足金性能量。

薄荷被有些風水師視為適合居家的植物，如果其香味可以接受，不妨優先考慮使用薄荷盆栽；也可採用永久花小盆栽在家裡擺放，不僅可以美化家裡的擺飾，同時也可

以藉由植物自然產生的花香氣味，穩定地釋放金性能量。

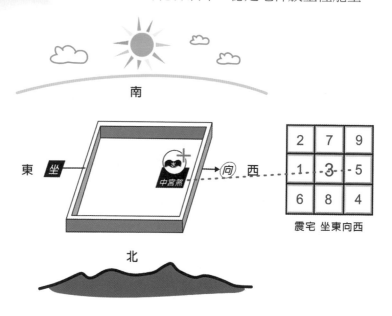

震宅 坐東向西

坐東朝西的房屋，中宮五黃煞位位在正西方的房間，住在這房間的人比較容易有是非官災，也容易受到金屬所傷。可能也會有口病、喉痛的問題。

五黃屬土凶性極強落於兌位屬金，此時增強水氣，以收土生金，金生水的化解效應。（中宮五黃土氣凶性，土生金，八卦西方兌卦屬金，自然洩了土氣，再加上水氣精

油，土生水，凶性能量順勢推衍）

可使用水木相生的精油，例如牛膝草、檸檬香茅、馬鬱蘭、茶樹、岩蘭草、依蘭依蘭等單方精油，或是選以上幾個精油調成複方精油，即可增強補足水性能量。

也可以在該處擺放牛膝草、馬鬱蘭、茶樹等小盆栽，不僅可以美化家裡的擺飾，同時也可以藉由植物自然產生的花香氣味，穩定地釋放水性能量。

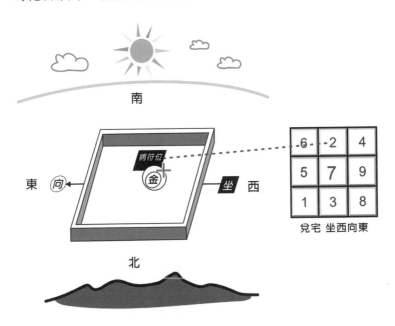

坐西朝東的房屋，二黑病符位在正南方的房間，住在這房間的人比較容易愚鈍，提防血光之災。可能也會有眼睛紅痛、失明、心臟病、血病、血癌的發病傾向。

二黑屬土落於離位屬火，將增強凶惡的土氣，此時增強金氣，以洩過盛的土氣。（八卦南方離位屬火，火生土，增加了二黑屬土凶性，土生金，使用金氣精油以洩土氣凶性）

可使用土金相生，或金水相生的精油，例如羅勒、佛手柑、黑胡椒、豆蔻、雪松、德國洋甘菊、羅馬洋甘菊、快樂鼠尾草、尤加利、薑、葡萄柚、永久花、柑橘、馬鬱蘭、廣藿香、薄荷、檀香、百里香等單方精油，或是選以上幾個精油調成複方精油。

這其中以德國洋甘菊、羅馬洋甘菊、永久花、馬鬱蘭、薄荷這五個精油最為合適，因為金水相生可大增金氣而洩除土氣，或是只有單一金氣的精油，即可增強補足金性能量。

薄荷被有些風水師視為適合居家的植物，如果其香味可以接受，不妨優先考慮使用薄荷盆栽；也可採用永久花小盆栽在家裡擺放，不僅可以美化家裡的擺飾，同時也可以藉由植物自然產生的花香氣味，穩定地釋放金性能量。

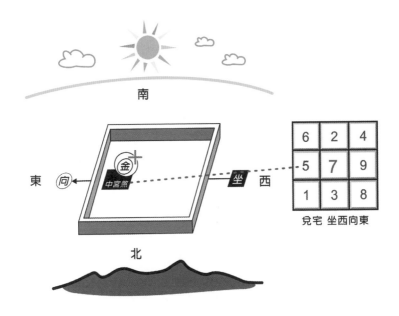

兌宅 坐西向東

　　坐西朝東的房屋，中宮五黃煞位位在正東方的房間，住在這房間的人比較容易有腳傷。可能也會有腳痛、跛足、

膽結石的發病傾向。

五黃屬土凶性極強落於震位屬木，木已適度剋制土，此時增強金氣，以洩旺盛的土氣。（木剋土，八卦東方震卦屬木，就可以剋五黃土氣凶性，土生金，使用金氣精油再洩除五黃中宮土氣）

可使用土金相生，或金水相生的精油，例如羅勒、佛手柑、黑胡椒、豆蔻、雪松、德國洋甘菊、羅馬洋甘菊、快樂鼠尾草、尤加利、薑、葡萄柚、永久花、柑橘、馬鬱蘭、廣藿香、薄荷、檀香、百里香等單方精油，或是選以上幾個精油調成複方精油。

這其中以德國洋甘菊、羅馬洋甘菊、永久花、馬鬱蘭、薄荷這五個精油最為合適，因為金水相生可大增金氣而洩除土氣，或是只有單一金氣的精油，即可增強補足金性能量。

薄荷被有些風水師視為適合居家的植物，如果其香味可以接受，不妨優先考慮使用薄荷盆栽；也可採用永久花

小盆栽在家裡擺放，不僅可以美化家裡的擺飾，同時也可以藉由植物自然產生的花香氣味，穩定地釋放金性能量。

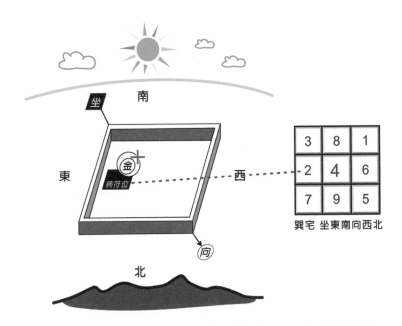

巽宅 坐東南向西北

坐東南朝西北的房屋，二黑病符位在正東方的房間，住在這房間的人比較容易有官災是非、足患。可能也會有腳痛、跛足、膽結石的發病傾向。

二黑屬土落於震位屬木，木已剋土，此時增強金氣，更洩過旺的土氣。(木剋土，八卦東方震卦屬木，就可以

剋二黑土氣病符位，土生金，使用金氣精油再洩除二黑病
符土氣）

可使用土金相生，或金水相生的精油，例如羅勒、佛
手柑、黑胡椒、豆蔻、雪松、德國洋甘菊、羅馬洋甘菊、
快樂鼠尾草、尤加利、薑、葡萄柚、永久花、柑橘、馬鬱蘭、
廣藿香、薄荷、檀香、百里香等單方精油，或是選以上幾
個精油調成複方精油。

這其中以德國洋甘菊、羅馬洋甘菊、永久花、馬鬱蘭、
薄荷這五個精油最為合適，因為金水相生可大增金氣而洩
除土氣，或是只有單一金氣的精油，即可增強補足金性能
量。

薄荷被有些風水師視為適合居家的植物，如果其香味
可以接受，不妨優先考慮使用薄荷盆栽；也可採用永久花
小盆栽在家裡擺放，不僅可以美化家裡的擺飾，同時也可
以藉由植物自然產生的花香氣味，穩定地釋放金性能量。

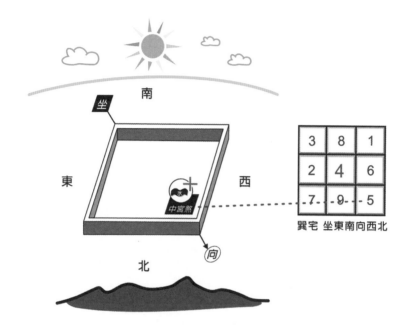

巽宅 坐東南向西北

　　坐東南朝西北的房屋，中宮五黃煞位位在西北方的房間，住在這房間的人比較容易有頭部疾病，身體多病。可能也會有頭痛、頸部和肺部的發病傾向。

　　五黃屬土凶性極強落於乾位屬金，此時增強水氣，以收土生金、金生水的化解效應。（中宮五黃土氣凶性，土生金，八卦西北方乾卦屬金，自然洩了土氣，再加上水氣精油，土生水，凶性能量順勢推衍）

可使用水木相生的精油，例如牛膝草、檸檬香茅、馬鬱蘭、茶樹、岩蘭草、依蘭依蘭等單方精油，或是選以上幾個精油調成複方精油，即可增強補足水性能量。

也可以在該處擺放牛膝草、馬鬱蘭、茶樹等小盆栽，不僅可以美化家裡的擺飾，同時也可以藉由植物自然產生的花香氣味，穩定地釋放水性能量。

坐西北朝東南的房屋，二黑病符位在正北方的房間，住在這房間的人比較容易患腸胃病。可能也會有腎虧、水腫、耳聾疾病發生的傾向。

二黑屬土落於坎位屬水，此時增強金氣，以收土生金，金生水的化解效應。（二黑病符屬土，土生金，增加金氣精油以洩二黑土氣，金生水，八卦北方坎卦屬水，能量順勢化解）

可使用土金相生，或金水相生的精油，例如羅勒、佛手柑、黑胡椒、豆蔻、雪松、德國洋甘菊、羅馬洋甘菊、快樂鼠尾草、尤加利、薑、葡萄柚、永久花、柑橘、馬鬱蘭、廣藿香、薄荷、檀香、百里香等單方精油，或是選以上幾個精油調成複方精油。

這其中以德國洋甘菊、羅馬洋甘菊、永久花、馬鬱蘭、薄荷這五個精油最為合適，因為金水相生可大增金氣而洩除土氣，或是只有單一金氣的精油，即可增強補足金性能量。

　　薄荷被有些風水師視為適合居家的植物，如果其香味可以接受，不妨優先考慮使用薄荷盆栽；也可採用永久花小盆栽在家裡擺放，不僅可以美化家裡的擺飾，同時也可以藉由植物自然產生的花香氣味，穩定地釋放金性能量。

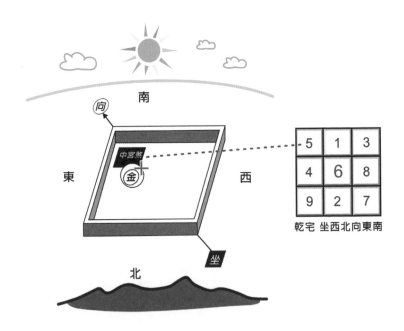

乾宅 坐西北向東南

　　坐西北朝東南的房屋，中宮五黃煞位位在東南方的房間，住在這房間的人比較容易有皮膚病、瘡毒。可能也會

有肝硬化、肝炎、小腸、盤骨痛，毒瘤等發病傾向。

五黃屬土凶性極強落於巽位屬木，木已適度剋土，此時增強金氣，以洩旺盛的土氣。（木剋土，八卦東南方巽卦屬木，就可以剋五黃土氣中宮煞位，土生金，使用金氣精油再洩除五黃土氣凶性）

可使用土金相生，或金水相生的精油，例如羅勒、佛手柑、黑胡椒、豆蔻、雪松、德國洋甘菊、羅馬洋甘菊、快樂鼠尾草、尤加利、薑、葡萄柚、永久花、柑橘、馬鬱蘭、廣藿香、薄荷、檀香、百里香等單方精油，或是選以上幾個精油調成複方精油。

這其中以德國洋甘菊、羅馬洋甘菊、永久花、馬鬱蘭、薄荷這五個精油最為合適，因為金水相生可大增金氣而洩除土氣，或是只有單一金氣的精油，即可增強補足金性能量。

薄荷被有些風水師視為適合居家的植物，如果其香味可以接受，不妨優先考慮使用薄荷盆栽；也可採用永久花

小盆栽在家裡擺放，不僅可以美化家裡的擺飾，同時也可以藉由植物自然產生的花香氣味，穩定地釋放金性能量。

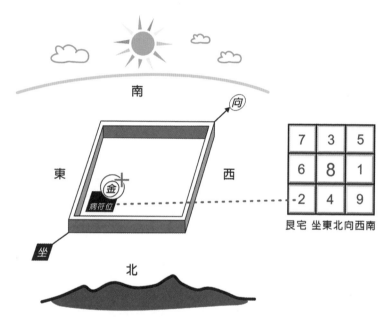

坐東北朝西南的房屋，二黑病符位在東北方的房間，住在這房間的人平穩無礙，因為二八合十，二黑到八白位置。不過仍應留意手無力、肩痛的發病傾向。

二黑屬土落於艮位屬土，此時增強金氣，確保平安無事。(土生金，使用金氣精油再洩除二黑土氣凶性)

可使用土金相生，或金水相生的精油，例如羅勒、佛手柑、黑胡椒、豆蔻、雪松、德國洋甘菊、羅馬洋甘菊、快樂鼠尾草、尤加利、薑、葡萄柚、永久花、柑橘、馬鬱蘭、廣藿香、薄荷、檀香、百里香等單方精油，或是選以上幾個精油調成複方精油。

　　這其中以德國洋甘菊、羅馬洋甘菊、永久花、馬鬱蘭、薄荷這五個精油最為合適，因為金水相生可大增金氣而洩除土氣，或是只有單一金氣的精油，即可增強補足金性能量。

　　薄荷被有些風水師視為適合居家的植物，如果其香味可以接受，不妨優先考慮使用薄荷盆栽；也可採用永久花小盆栽在家裡擺放，不僅可以美化家裡的擺飾，同時也可以藉由植物自然產生的花香氣味，穩定地釋放金性能量。

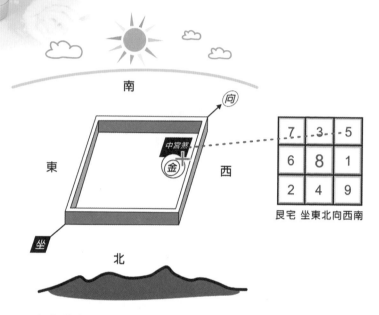

艮宅 坐東北向西南

　　坐東北朝西南的房屋，中宮五黃煞位位在西南方的房間，住在這房間的人比較容易有血光之災，以及急性病。可能也會有腹病、肚痛、盲腸炎的發病傾向。

　　五黃屬土凶性極強落於坤位屬土，此時增強金氣，以洩旺盛的土氣。(八卦西南方坤卦屬土，加上五黃中宮煞位土氣凶性，土生金，使用金氣精油再洩除五黃土氣凶性)

　　可使用土金相生，或金水相生的精油，例如羅勒、佛手柑、黑胡椒、豆蔻、雪松、德國洋甘菊、羅馬洋甘菊、

快樂鼠尾草、尤加利、薑、葡萄柚、永久花、柑橘、馬鬱蘭、廣藿香、薄荷、檀香、百里香等單方精油，或是選以上幾個精油調成複方精油。

這其中以德國洋甘菊、羅馬洋甘菊、永久花、馬鬱蘭、薄荷這五個精油最為合適，因為金水相生可大增金氣而洩除土氣，或是只有單一金氣的精油，即可增強補足金性能量。

薄荷被有些風水師視為適合居家的植物，如果其香味可以接受，不妨優先考慮使用薄荷盆栽；也可採用永久花小盆栽在家裡擺放，不僅可以美化家裡的擺飾，同時也可以藉由植物自然產生的花香氣味，穩定地釋放金性能量。

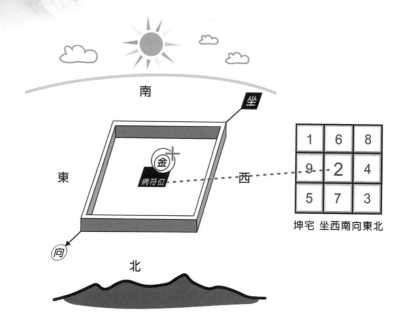

坤宅 坐西南向東北

坐西南朝東北的房屋，二黑病符位在中間的房間，住在這房間的人比較容易有突發性的嚴重災病。

二黑屬土落於中央位屬土，此時增強金氣，以洩旺盛的土氣。（洛書中央位置屬土，加上二黑病符位土氣凶性，土生金，使用金氣精油再洩除二黑土氣凶性）

可使用土金相生，或金水相生的精油，例如羅勒、佛

手柑、黑胡椒、豆蔻、雪松、德國洋甘菊、羅馬洋甘菊、快樂鼠尾草、尤加利、薑、葡萄柚、永久花、柑橘、馬鬱蘭、廣藿香、薄荷、檀香、百里香等單方精油，或是選以上幾個精油調成複方精油。

這其中以德國洋甘菊、羅馬洋甘菊、永久花、馬鬱蘭、薄荷這五個精油最為合適，因為金水相生可大增金氣而洩除土氣，或是只有單一金氣的精油，即可增強補足金性能量。

薄荷被有些風水師視為適合居家的植物，如果其香味可以接受，不妨優先考慮使用薄荷盆栽；也可採用永久花小盆栽在家裡擺放，不僅可以美化家裡的擺飾，同時也可以藉由植物自然產生的花香氣味，穩定地釋放金性能量。

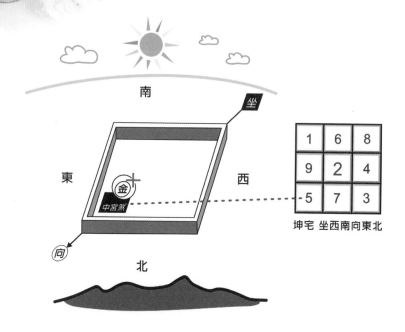

坐西南朝東北的房屋，中宮五黃煞位位在東北方的房間，住在這房間的人比較容易有腸胃病。可能也會有手無力、肩痛的發病傾向。

五黃屬土凶性極強落於艮位屬土，此時增強金氣，以洩旺盛的土氣。（八卦東北方艮卦屬土，加上五黃中宮煞位土氣凶性，土生金，使用金氣精油再洩除五黃土氣凶性）

可使用土金相生，或金水相生的精油，例如羅勒、佛手柑、黑胡椒、豆蔻、雪松、德國洋甘菊、羅馬洋甘菊、快樂鼠尾草、尤加利、薑、葡萄柚、永久花、柑橘、馬鬱蘭、廣藿香、薄荷、檀香、百里香等單方精油，或是選以上幾個精油調成複方精油。

這其中以德國洋甘菊、羅馬洋甘菊、永久花、馬鬱蘭、薄荷這五個精油最為合適，因為金水相生可大增金氣而洩除土氣，或是只有單一金氣的精油，即可增強補足金性能量。

薄荷被有些風水師視為適合居家的植物，如果其香味可以接受，不妨優先考慮使用薄荷盆栽；也可採用永久花小盆栽在家裡擺放，不僅可以美化家裡的擺飾，同時也可以藉由植物自然產生的花香氣味，穩定地釋放金性能量。

第二單元 之二

坐向決定財位
財位催財專章討論

第二單元之二
坐向決定財位
財位催財專章討論

　　本章節專門討論精油應用於居家財位催財的問題，

這也是我個人最感到困惑的事情，因為談屋型，依照洛書

八卦五行的理論談氣場的調整，至少都有一個公式可以依

循，這些公式和中醫理論也是可以契合的，更重要的是，

這些都是很具體的事物，也是我最關心的事情，家人的健康，小孩的課業，家人的意外災害等等，這是生活最基本的需求，也是幫助小孩讀書能夠更領悟的氣運輔助，我們為人父母也只能幫到這而已。

但是論及財位，卻是一個形而上且很抽象的事情，而且也沒有評斷標準或其他如中醫理論從旁驗證，但是講到財富大家都愛，所以如何加強財位的能量，就有很多方法和理論，任何東西幾乎都用上了，因為大家希望財富更多，當然，財富越多越好辦事，也越容易達到自己的願望，這是沒有問題的。

但是就風水環境調理的立場來看，就無法評斷這樣的調整或加強到底有沒有效果，因為財富的變動本來就沒有標準可依循。

要賺多少錢才表示加強財位的氣場有效果？

如果調整財位，下個月公司老闆加薪 5%，這樣就是有效嗎？樂天知足的人會說有效。

如果加強財位的氣場，兩個月後突然接到兩億元的訂單，這樣就是有效嗎？貪心不滿足的人永遠說無效。

如果一年以後才應了財位的氣場，新來一位大客戶每年的訂單就幾乎要擴大設備才能滿足，這樣算有效嗎？有人會說無效，那是他辛苦一年的努力所得，與財位改善無關。

還有一個深刻的問題，一個人一生當中可以有多少財富？是有限度或是無限？有人說福報，依此說法推論，每個人一生當中總共能賺多少錢是固定的話，現在要催財位的目的是為了什麼？是要早一點拿到錢嗎？如果這陣子你命中沒有財進來，結果催財之後真的有財，這個財是你的？還是你向別人搶來的？以後要不要還回去？

如果一個人一生可以賺多少錢是無限，這就沒有問題，就是盡量挖吧。

有文昌位，喜慶位，病符位，財位是一定會有的，但

是財位的催動刻應的時間，和居家的人，和房屋落點的環境，和坐向氣流活動，和生肖生年沖剋等問題都有相牽連，不要期待馬上有效，但是「有處理過」總是有機會獲取財富的契機與期望。

每個人的信仰和慾望不同，有人清心寡慾，有人努力奮進，有人不關心財位，有人對財位很在乎。

基於此，本章節特為關心財位的讀者專闢專章說明之，正因為財富過於抽象，賺多少也無法訂標準，所以各家的評斷方法各有千秋，本章先說明客廳財位的基本觀念之後，再說明八白左輔星，就是香港人口中的「八白財星」的位置與適合的精油；接著再介紹生剋之理的財位應用，希望能夠幫得上忙。

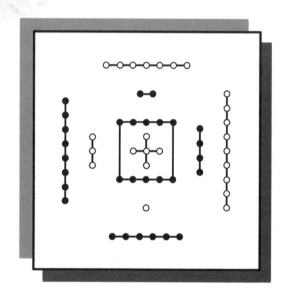

　　這是河圖，當這個圖出現以後，大家又要為這些數字的組合想出一套說詞，甚至發展出一套理論了。這四個方位的內面是生數，所以 1234 和中間 5 是生數，而外面是成數，就是 6789 和中間的 10，所以就會有五組生成關係，分別位於東西南北中五個位置，每一組都各有一奇數一偶數，而且各有一陰一陽，所以古書就描述：

　　　　天一生水，地六成之。(北方為水，天一地六)

地二生火，天七成之。（南方為火，天七地二）

天三生木，地八成之。（東方為木，天三地八）

地四生金，天九成之。（西方為金，天九地四）

天五生土，地十成支。（中間為土，天五地十）

河圖這五個方位都有陰陽對應，也構成了生剋流轉，所以河圖會被視為是先天本體的宇宙圖。

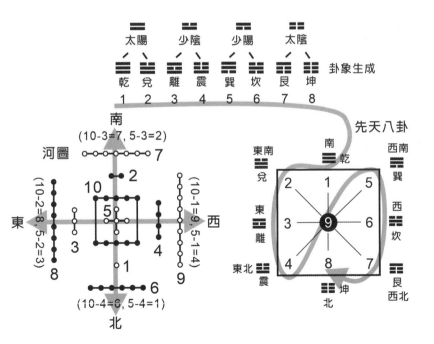

這就是卦象生成的卦數和先天八卦位置圖，並且對照河圖，我喜歡這樣的比較，有時候會悟出一些答案，希望你也可以從中領悟到寶貴的知識。

所以，先天八卦在《說卦傳》：「天地定位，山澤通氣，雷風相薄，水火不相射，八卦相錯，數往者順，知來者逆，是故易逆數也。」

看先天八卦的卦位安排，從乾1開始到震4順時針走，跳到對角再從巽5走到坤8，這樣的路徑和太極圖感覺一樣，這個S形的運動方式稱為逆行，從乾1到坤8從上而下先左而右，以少而多的數字排列生為逆數，反之，從坤8開始稱為順數。

因為從震卦到乾卦是往上走，從震卦只有一個陽，走到上面乾卦有三個陽，這是陽氣上升的過程，數字順序是4321，所以為順數，逆時針左旋和天運行一樣。而巽卦走到坤卦，從一個陰開始萌生，到了坤卦陰極，順時針右旋，稱為逆數，所以又順又逆，先天八卦有一種螺旋式的運動。

而且兩端的配數加起來都是九，而卦象都是相對而性質相反的自然現象，天對地，水對火，山對澤，雷對風，四時就位且陰陽相對，頓時之間，好像掌握到這樣的規律，就可以瞭解天地運作似的。

　　再仔細看乾卦父的旁邊都是女生，巽卦長女，兌卦少女，離卦中女；而坤卦母的旁邊都是男生，震卦長男，艮卦少男，坎卦中男，如果把男女陽陰白黑畫成一幅圖，就是太極圖了，兩片黑或白中間各有一點白或黑。

　　再看河圖之數，以數學的觀點，從中間的 5 和 10 向兩邊減去相同之數，就可得到 3 和 8、2 和 7、4 和 9、1 和 6 等組合，可謂奇妙至極。

　　河圖將兩個數合為一象，例如東方 3 和 8 代表木，北方 1 和 6 是水，木火土金水已然形成，從河圖的北方陽數字 1 開始，到東方陽數字 3，南方 7，到了西方 9，配合中央 5，都是奇數，所以 9 是陽數之極，易經用 9 為陽。

而陽氣終了為陰的開始，所以和 9 相處的 4 就開始陰數的旅程，逆轉向南 2，東方的 8，北方的 6 為止，配合中央 10，都是偶數，所以陰氣到 6 為至陰，易經用 6 為陰。

從陽氣運行到底換陰氣逆行，兩者相互循環周流無盡，生生不息，大地之氣就是在這個平衡而不息的氣流中，得以生存。

至於河圖之數的生成之理，和先天後天八卦的對應，還有與洛書的互動，在本書實無必要詳述，以芳療精油而言，我們是利用古人智慧而為己用，只要能善用即可，至於期中的道理和更高階的演算法，則讓有心人自行再予進修，本書只提供拋磚之用。

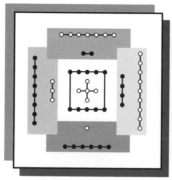
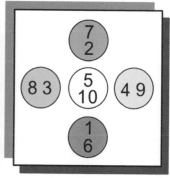

河圖這五組數字就多留意一些，大自然有形象可以對應，四時和空間位置也會有互動關係，但是要瞭解這些對應的關係，就是發現到運行的順序，甚至還有相生相剋的現象，這時候就需要運用一些符號做表示，數字是一個好用的工具，這就像是數學演算一樣，從數字組合就容易理解天地運行之道，以及人事相應之理。

在往後算出財位的時候，如果在用洛書之數排盤之後，找到生剋兩方，赫然發現這兩個數是 3 和 8，或是 4 和 9 等四組數字，就代表這兩個方位的感應力最強；或是兩者相加等於 10 或 15，就表示有更強的互動感應了。而洛書也是兩相對宮的數字加起來是 10，加上中間 5 數字，總數是 15，任何一個方向加起來的總數是 15。所以 10 和 15 兩數要留意。

這些數字的對應不要想得太數學化，你可以把這些數字當作是空間、時間兩大元素流動的代表，某兩個空間，或是某兩個時間，甚至是某一個時間剛好與另一個空間會

有對應，這些複雜的規則被古代聰明的賢人解密，利用易懂的文字和數字代表，我們後人剛好可以依規進行。

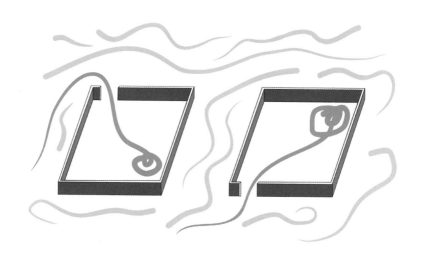

　　一般的風水原則，就是大門進門後的斜對方45度角，就是明財位，你可以想像一下，大地氣流紛雜而亂，也可以想像就好像是一大團洪流一樣，當這些氣流或是水流進入屋內，順著屋內流動會在斜對角處盤旋而靜止，這股氣的聚集就是聚財，就是明財位。

　　如果大門進去沒有看到斜對角的角落，就要刻意去創

造一個90度角的空間，直角兩邊的寬度至少要一個人的肩膀寬，才有氣聚的迴旋空間，讓氣流聚在那裡，放一個書櫃擋著創造直角空間也是一個辦法。

為了要保有這好不容易自然聚集的氣場，所以就會有一些保留的方法和禁忌。例如明財位要有生機之氣，所以可以擺放一些常綠植物，向上生長，尤其是葉大葉厚或闊葉的植物。明財位要明亮，和陽宅相匹配。明財位可以坐，一家人聚在那個位置也可以沾些財氣。明財位要整潔乾淨，不要放垃圾桶在那裡。至於要放的吉祥物超多，你可以隨意瀏覽網路即知。

明財位不要過動，所以不要放海浪圖象徵財運起伏太大、大瀑布圖意涵財來財去落差太大、不要放尖葉和有刺的植物，有象徵進財坎坷艱辛之意。明財位不要在上面壓太重的櫃子，不要放魚缸，等於是見財化水，明財位忌水，所以連水生植物也不要植栽在那位置。明財位也不要擺放音響、電視等會產生高頻率的電器，明財位如果長期震動

或凌亂，就很難守住正財。

　　芳香精油在明財位上似乎無法發揮作用，因為要看這個位置的五行才能決定精油的屬性，如果要看明財位的五行，這很麻煩，因為房屋的坐向和客廳的小坐向要精確計算，與其如此，建議以「暗財位」使用適當五行的精油催財為宜。

　　有明財位，就表示有暗財位，所謂的暗財位就是依房子的坐向來決定的財位，暗財位才是實質的財位，明財位就是大家熟知的財位。這個暗財位就有五行的屬性，可以利用五行生剋的原理，找到適當的精油去催動暗財位，達到催財的效果。

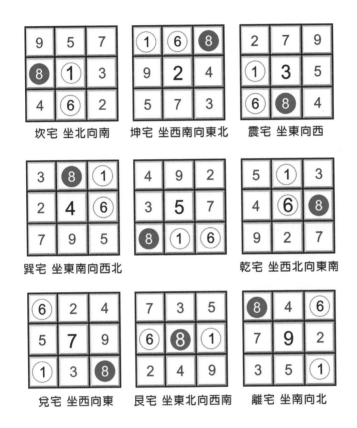

9	5	7
8	1	3
4	6	2

坎宅 坐北向南

1	6	8
9	2	4
5	7	3

坤宅 坐西南向東北

2	7	9
1	3	5
6	8	4

震宅 坐東向西

3	8	1
2	4	6
7	9	5

巽宅 坐東南向西北

4	9	2
3	5	7
8	1	6

5	1	3
4	6	8
9	2	7

乾宅 坐西北向東南

6	2	4
5	7	9
1	3	8

兌宅 坐西向東

7	3	5
6	8	1
2	4	9

艮宅 坐東北向西南

8	4	6
7	9	2
3	5	1

離宅 坐南向北

　　前述有提到洛書九個數字有九星，其中一白貪狼星居坎方屬水。六白武曲星居乾方屬金。八白左輔星居艮方屬土。在紫白飛星屬於財庫，如果依三元九運來看，這三個星各管一元三運，就是一白財星在上元(1、2、3運)，六

白財星在中元(4、5、6運)，八白財星在下元(7、8、9運)。

目前正處於八、九運期間，從 2004 年到 2023 年是八運，而九運是從 2024 年到 2043 年，這些年以八白為財星，所以各個房屋坐向數字 8 落的位置就是暗財位，上圖就是將所有房屋坐向的數字都標示出來。

坐北向南的房子，財位落於東方位置。

坐西南向東北的房子，財位落於西南方位置。

坐東向西的房子，財位落於北方位置。

坐東南向西北的房子，財位落於南方位置。

坐西北向東南的房子，財位落於西方位置。

坐西向東的房子，財位落於西北方位置。

坐東北向西南的房子，財位落於中間位置。

坐南向北的房子，財位落於東南方位置。

因為八白左輔星屬土，為了加強該位置的氣場，宜使用土氣的精油。

但是這裡有一個矛盾與隱憂，就是該位置如果適合放

木氣，現在擺放土氣精油有被剋掉的顧慮，又如果適合擺金氣精油以預防疾病或利於文昌，現在擺土氣可能洩掉了。

人生就是這樣，如果能找到一個面面俱到的事情，裡外和樂是非常難得的，房子也是這樣，就是有缺陷才要靠一些方法求其平衡和諧之氣，無奈經常有相互衝突或相抵消的難為之處。

這時候你就先觀察你家人是否有讀書不佳、任何疾病、或是一些意外小傷等問題，如果都一片祥樂，平安無事，表示這房子的外局、建築與道路的排列、屋內的空氣流通、格局配置等都沒有任何過份相違的情事，或是剛好被其他事物化解掉。

這樣你就可以放心地使用土氣精油去增強該位置的財氣，至少這是一個依照時運安穩發財的財位。

可使用火土相生，或土金相生的精油，例如羅勒、黑胡椒、豆蔻、雪松、肉桂、快樂鼠尾草、乳香、尤加利、薑、柑橘、葡萄柚、真正薰衣草、廣藿香、檀香、百里香等單

方精油，或是選以上幾個精油調成複方精油。

　　這其中以雪松、肉桂、乳香、真正薰衣草這四個精油最為合適，因為火土相生，其土性能量更強，以上除了精油以外，也可以在家裡擺放雪松、肉桂、乳香、薰衣草等小盆栽，不僅可以美化家裡的擺飾，同時也可以藉由植物自然產生的花香氣味，穩定地釋放土性能量。

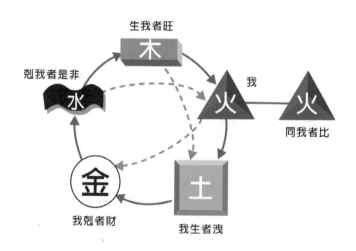

　　第二種暗財位的算法，就是利用五行生剋的方式為之，也就是以中宮之五行去找剋方之位置，就是暗財位。

在八字五行的原理就是剋我的五行是正官偏官，生我者是正印偏印，我剋者是正財偏財，我生者是傷官食神，同我者是劫財比肩。應用的風水五行方位其道理也是一樣，在實務操作上，以「我剋為財」做催財較有實效，這個實效只是攏統的經驗累積，無法精確評斷。

五行有五種現象：木火土金水。

生我者旺：如果我是木，水生木，所以生我者是水，找水就會旺；如果我是土，火生土，所以生我者是火，找火就會旺。

我生者洩：如果我是火，火生土，所以我生者是土，找土就會洩；如果我是金，金生水，所以我生者是水，找水就會洩。

我剋者財：如果我是水，水剋火，所以我剋者是火，找火就有財；如果我是木，木剋土，所以我剋者是土，找土就有財。第二種暗財位的找法就是找

我剋方，去加強對方的氣即是。

剋我者是非：如果我是木，金剋木，所以剋我者是金，找
　　　　　　　金就有是非；如果我是水，土剋水，所以剋我
　　　　　　　者是土，找土就有是非。

同我者比：如果我是土，土土同我相比，找土很親近；如
　　　　　　果我是水，水水同我相比，找水很親近。

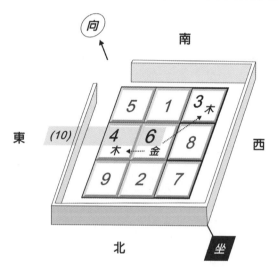

每一個坐向都做實例解說，八個坐向，講解八次，你
應該會熟悉這樣的操作法，同時自己也可以比對自家的坐
向。

坐西北向東南的房屋，西北方在後天八卦或是洛書的數字是 6，就把 6 放入中宮，按照前述輪飛的順序排成上圖，6 是在後天八卦是西北乾卦屬金，依「我剋者財」的指示去找「金剋木」的木方，而後天八卦屬木的有兩個卦，分別是東方震卦數字 3，和東南方巽卦數字 4，4 目前在東方，而 3 位於西南方，這兩個方位就是暗財位。

可是，中宮的 6 加上東方 4 等於 10 合十，兩者感應力最強，比西南方的 3 還要強，所以在這兩個財位，以東方 4 最佳，而 4 本身屬木，催動財位以所屬的五行催動即可，因此建議擺放木氣精油以催動財位。

可使用水木相生，或木火相生的精油，例如月桂、肉桂、茴香、乳香、天竺葵、牛膝草、茉莉、杜松、檸檬、馬鬱蘭、甜橙、奧圖玫瑰、迷迭香、岩蘭草、依蘭依蘭等單方精油，或是選以上幾個精油調成複方精油。

這其中以茴香、天竺葵、牛膝草、茉莉、檸檬、馬鬱蘭、甜橙、奧圖玫瑰、岩蘭草、依蘭依蘭這十個精油最為

合適，因為水木相生更增強木氣，或是只有單一木氣的精油，即可增強木性能量。

茉莉被有些風水師視為適合居家的植物，如果其香味可以接受，不妨優先考慮使用茉莉盆栽；其他如茴香、天竺葵、牛膝草、馬鬱蘭、玫瑰等小盆栽，也可以在家裡擺放，不僅可以美化家裡的擺飾，同時也可以藉由植物自然產生的花香氣味，穩定地釋放木性能量。

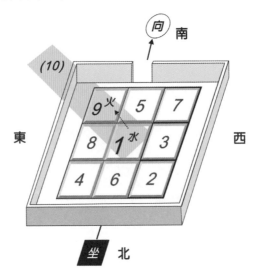

坐北向南的房屋，北方在後天八卦或是洛書的數字是

1，就把1放入中宮，按照前述輪飛的順序排成上圖，1在後天八卦是北方坎卦屬水，依「我剋者財」的指示去找「水剋火」的火方，而後天八卦屬火的有一個卦，就是南方離卦數字9，位於東南方，這個財位也是絕佳的暗財位，因為中宮的1加上東南方9等於10合十，兩者感應力最強，催動財位以所屬的五行催動即可，因此建議擺放火氣精油以催動財位。

可使用木火相生，或火土相生的精油，例如月桂、雪松、肉桂、乳香、杜松、真正薰衣草、迷迭香、綠花白千層等單方精油，或是選以上幾個精油調成複方精油。

這其中以月桂、肉桂、乳香、杜松、迷迭香、綠花白千層這六個精油最為合適，因為木火相生可大增火氣，或是只有單一火氣的精油，即可增強火性能量。

也可以採用月桂、肉桂、迷迭香等小盆栽在家裡擺放，不僅可以美化家裡的擺飾，同時也可以藉由植物自然產生的花香氣味，穩定地釋放火性能量。

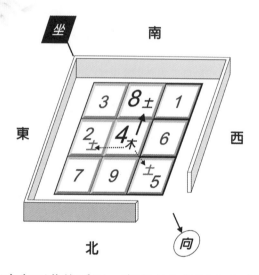

　　坐東南向西北的房屋，東南方在後天八卦或是洛書的數字是4，就把4放入中宮，按照前述輪飛的順序排成上圖，4在後天八卦是東南巽卦屬木，依「我剋者財」的指示去找「木剋土」的土方，而後天八卦屬土的有三個卦，分別是東北方艮卦數字8，西南方坤卦數字2，和中間位置數字5。

　　這三個數字只取8，不取2和5，因為二黑和五黃都是不好的星曜，對財位無益。因此只有南方的8是暗財位，兩者感應力最強，8本身屬土，催動財位以所屬的五行催

動即可，因此建議擺放土氣精油以催動財位。

可使用火土相生，或土金相生的精油，例如羅勒、黑胡椒、豆蔻、雪松、肉桂、快樂鼠尾草、乳香、尤加利、薑、柑橘、葡萄柚、真正薰衣草、廣藿香、檀香、百里香等單方精油，或是選以上幾個精油調成複方精油。

這其中以雪松、肉桂、乳香、真正薰衣草這四個精油最為合適，因為火土相生，其土性能量更強，以上除了精油以外，也可以在家裡擺放雪松、肉桂、乳香、薰衣草等小盆栽，不僅可以美化家裡的擺飾，同時也可以藉由植物自然產生的花香氣味，穩定地釋放土性能量。

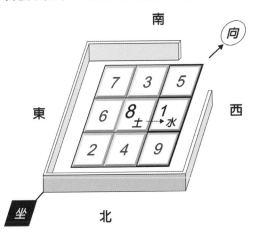

坐東北向西南的房屋，東北方在後天八卦或是洛書的數字是 8，就把 8 放入中宮，按照前述輪飛的順序排成上圖，8 在後天八卦是東北艮卦屬土，依「我剋者財」的指示去找「土剋水」的水方，而後天八卦屬水的只有一個卦，就是北方坎卦數字 1，目前這個 1 落在西方，這個方位就是暗財位。

坎水落在西方，和中宮相互感應，催動財位以所屬的五行催動即可，因此建議擺放水氣精油以催動財位。

可使用水木相生的精油，例如牛膝草、檸檬香茅、馬鬱蘭、茶樹、岩蘭草、依蘭依蘭等單方精油，或是選以上幾個精油調成複方精油，即可增強補足水性能量。

也可以在該處擺放牛膝草、馬鬱蘭、茶樹等小盆栽，不僅可以美化家裡的擺飾，同時也可以藉由植物自然產生的花香氣味，穩定地釋放水性能量。

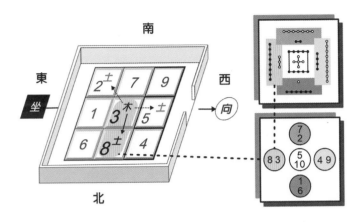

坐東向西的房屋，東方在後天八卦或是洛書的數字是3，就把3放入中宮，按照前述輪飛的順序排成上圖，3在後天八卦是震卦屬木，依「我剋者財」的指示去找「木剋土」的木方，而後天八卦屬土的有三個卦，分別是東北方艮卦數字8，西南方坤卦數字2，和中間位置5。8目前在北方，2落於東南方，而5位於西方，這三個方位就是暗財位。

但是，只有位於北方的8當作暗財位最佳，因為3和8在河圖是一組數字，兩者感應力最強。而2是二黑位於東南方尚可使用，但還是以備位為宜；至於落在西方的五黃則不取，有煞氣。

　　因此，以北方 8 最佳，催動財位以所屬的五行催動即
可，因此建議擺放土氣精油以催動財位。

　　可使用火土相生，或土金相生的精油，例如羅勒、黑
胡椒、豆蔻、雪松、肉桂、快樂鼠尾草、乳香、尤加利、薑、
柑橘、葡萄柚、真正薰衣草、廣藿香、檀香、百里香等單
方精油，或是選以上幾個精油調成複方精油。

　　這其中以雪松、肉桂、乳香、真正薰衣草這四個精油
最為合適，因為火土相生，其土性能量更強，以上除了精
油以外，也可以在家裡擺放雪松、肉桂、乳香、薰衣草等
小盆栽，不僅可以美化家裡的擺飾，同時也可以藉由植物
自然產生的花香氣味，穩定地釋放土性能量。

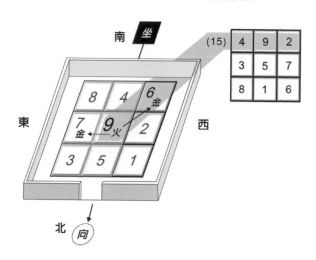

坐南向北的房屋，南方在後天八卦或是洛書的數字是9，就把9放入中宮，按照前述輪飛的順序排成上圖，9在後天八卦是離卦屬火，依「我剋者財」的指示去找「火剋金」的金方，而後天八卦屬金的有兩個卦，分別是西北方乾卦數字6，西方兌卦數字7，所以，6落於西南方，而7位於東方，這兩個方位就是暗財位。

　　但是，位於西南方的6優於東方的7，因為6加9等於15，也是最具感應力的數字，因為洛書每條直橫斜線的數字總和都是15。所以建議優先擺放在西南方，催動財位以所屬的五行催動即可，因此建議擺放金氣精油以催動財位。

　　可使用土金相生，或金水相生的精油，例如羅勒、佛手柑、黑胡椒、豆蔻、雪松、德國洋甘菊、羅馬洋甘菊、快樂鼠尾草、尤加利、薑、葡萄柚、永久花、柑橘、馬鬱蘭、廣藿香、薄荷、檀香、百里香等單方精油，或是選以上幾個精油調成複方精油。

　　這其中以德國洋甘菊、羅馬洋甘菊、永久花、馬鬱蘭、薄荷這五個精油最為合適，因為金水相生可大增金氣而洩除土氣，或是只有單一金氣的精油，即可增強補足金性能量。

　　薄荷被有些風水師視為適合居家的植物，如果其香味可以接受，不妨優先考慮使用薄荷盆栽；也可採用永久花小盆栽在家裡擺放，不僅可以美化家裡的擺飾，同時也可以藉由植物自然產生的花香氣味，穩定地釋放金性能量。

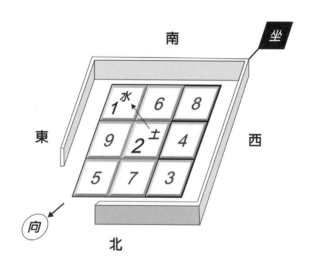

坐西南向東北的房屋，西南方在後天八卦或是洛書的數字是 2，就把 2 放入中宮，按照前述輪飛的順序排成上圖，2 在後天八卦是坤卦屬土，依「我剋者財」的指示去找「土剋水」的水方，而後天八卦屬水的只有一個卦，就是北方坎卦數字 1，目前這個 1 落在東南方，這個方位就是暗財位。

　　坎水落在東南方，和中宮相互感應，催動財位以所屬的五行催動即可，因此建議擺放水氣精油以催動財位。

　　可使用水木相生的精油，例如牛膝草、檸檬香茅、馬鬱蘭、茶樹、岩蘭草、依蘭依蘭等單方精油，或是選以上幾個精油調成複方精油，即可增強補足水性能量。

　　也可以在該處擺放牛膝草、馬鬱蘭、茶樹等小盆栽，不僅可以美化家裡的擺飾，同時也可以藉由植物自然產生的花香氣味，穩定地釋放水性能量。

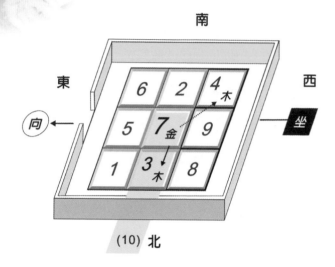

　　坐西向東的房屋，西方在後天八卦或是洛書的數字是
7，就把7放入中宮，按照前述輪飛的順序排成上圖，7在
後天八卦是兌卦屬金，依「我剋者財」的指示去找「金剋
木」的木方，而後天八卦屬木的有兩個卦，分別是東南方
巽卦數字4，東方震卦數字3，所以，目前4落於西南方，
而3位於北方，這兩個方位就是暗財位。

　　但是，位於北方的3優於西南方的4，因為中宮7加
北方3等於10，是最具感應力的數字，所以建議優先擺放

在北方，催動財位以所屬的五行催動即可，因此建議擺放木氣精油以催動財位。

可使用水木相生，或木火相生的精油，例如月桂、肉桂、茴香、乳香、天竺葵、牛膝草、茉莉、杜松、檸檬、馬鬱蘭、甜橙、奧圖玫瑰、迷迭香、岩蘭草、依蘭依蘭等單方精油，或是選以上幾個精油調成複方精油。

這其中以茴香、天竺葵、牛膝草、茉莉、檸檬、馬鬱蘭、甜橙、奧圖玫瑰、岩蘭草、依蘭依蘭這十個精油最為合適，因為水木相生更增強木氣，或是只有單一木氣的精油，即可增強木性能量。

茉莉被有些風水師視為適合居家的植物，如果其香味可以接受，不妨優先考慮使用茉莉盆栽；其他如茴香、天竺葵、牛膝草、馬鬱蘭、玫瑰等小盆栽，也可以在家裡擺放，不僅可以美化家裡的擺飾，同時也可以藉由植物自然產生的花香氣味，穩定地釋放木性能量。

第三單元

芳香療法基本知識
精油薰香使用及相關研究

第三單元
芳香療法基本知識
精油薰香使用及相關研究

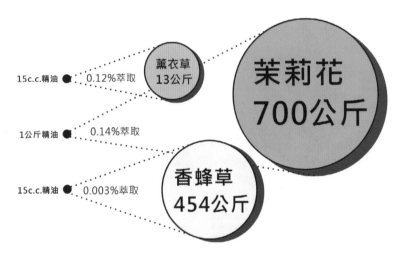

植物分泌具有容易揮發而輕盈的油性芳香物質，也是
植物本身的求生方式之一，一方面它可以防止動物咬食的
防禦作用，另一方面也可以誘引動物前來做授粉及傳播種
籽，每一株植物因作用不同，有時兩者兼具，其發散的香

氣也因部位而有不同的作用。

　　我們稱為精油，真的是植物的精華，500 朵茉莉花才能夠提煉一滴精油，而大約 20 滴精油才有 1c.c. 的份量 (等於要耗掉一萬朵茉莉花)，所以精油的濃度高，刺激性強，請勿直接將純精油塗在皮膚上 (薰衣草和茶樹精油可以)，這就好像是高跟鞋一樣，身體的重量都集中在那一小塊腳跟上，一被高跟鞋踩到是很痛的；所以純精油大多具有皮膚刺激性，容易造成皮膚敏感，甚至灼傷。一般我們要調製可以按摩身體的精油，其含量大約只有 3-5% 左右，其他的 95-97% 都是混合各種不傷皮膚的基底油，如葡萄籽油、甜杏仁油、荷荷芭油等。

　　精油看起來有一個「油」字，實際上觸感沒有那麼油膩；但是它還是油性，不會溶於水，只會漂浮在水上，精油可以溶於油脂和酒精。

　　萃取精油有很多種方法，有蒸餾法、壓榨法、脂吸法、浸泡法、溶劑萃取法、超臨界二氧化碳萃取法、碳氫化合

物萃取法 (環保溶劑 phytonic 萃取) 等，萃取的方法不是本書的重點，略而不談。

　　這引發了精油的另一個思考，一小瓶 10c.c. 的精油要賣多少錢才是合理的價格？如果太便宜肯定是假的，當然，假的精油也會調高價格混充真品。要製造假的精油其實很簡單，一個簡單的思維提供參考，現在化工行業這麼成熟與發達，要做出化學合成的薰衣草、薄荷的香料應該做得出來，厲害的還做得真像天然的，然後再加上劣等油即可。更「高級」的就是混合，有一些是真的精油，為了降低成本混合香料和劣等油，這樣聞起來也很像真的精油。這個，你自己要慎選了。

　　另一個簡單的觀念，不是芳香精油無效，而是你根本是用假的，只是吸到香水味，當然沒有享受到精油內含的醇類、酯類、醛類等化學物質帶來的健康效應。我一些朋友剛接觸精油，對它總有懷疑之心，我解釋他以前使用過的效果不好，是使用到假貨；真正的精油應該會有其應有

的正面效應。我就調適合他體質的精油，依照我指示的方法使用，便祕、失眠都獲得改善。

每個人找尋真正的精油方法不同，有些團體或公司找專家使用氣相層析質譜儀，這是目前經濟部標準檢驗局認定檢測精油成份與品質的專業儀器與方法。它的分析原理就是利用每個精油中不同成份的揮發度差異做檢驗，透過這些數據資料就可以清楚地知道精油各成份的含量，以及判斷精油的品質。

我自己的方式是找認證有機精油的單位，英國土壤協會 Soil Association 成立於 1946 年，以指導有機農業和促進人類健康為創立宗旨，它制訂的有機規範，不僅符合英國以及歐盟的有機法規，在某些部份甚至超過前兩者的標準，並多制訂針對美容健康、紡織、養殖漁業的有機法規。其發予英國 80% 以上的有機產品認證，是英國最具權威的有機標準。在 2012 年歐盟和美國協議相互認可下，此標章和美國有機標章USDA具同等效力，以促進有機產品貿易。

論及芳香療法領域時，「要用就要用真的」，本書重點在使用精油改善居家生活平衡和諧的能量，也同時利用精油所含的醛類、酚類等化學物質改善自身因為居家格局所產生的病症，所以使用真的精油是一件重要的事情。

另外，為了要保持精油的成份久一點，盡量避免光和熱加速精油的氧化反應，所以裝精油的瓶子以深色為主，而且遠離熱源，如火爐或日曬等。空氣中也有氧氣，所以瓶身裡面越少空氣越好，氧化反應也會比較慢。

好的精油產品會清楚標示英文拉丁學名、製造商、成份、使用說明及產地等資訊，因此，在購買前最好留意產品上標籤資訊是否完整，並選擇以深咖啡色或深藍色的玻璃瓶盛裝的精油。

國際單方精油都是 10ml 包裝，產品外包裝名稱。標有：PURE ESSENTIAL OIL 表示 100% 純天然植物精油；AROMATHERAPY OIL 表示芳香油，添加基礎油等其他成份用於美容美體的複方油；MASSAGE OIL 表示按摩油，

用於按摩用途，精油的成份很少；DIFUSION BLEND 表示薰香油，純粹針對薰香的使用，不能使用在皮膚上。

精油中常見的化學成份及其功效

本書後面所列出的 36 支精油，都有列出所含的化學成份，每一個化學物質對於人體都有不同的功效，茲說明如下，並可對照各精油參考之。

●醇類 (Alcohols)

英文字尾是 -ol 大部份是醇類，像百里香內含沉香醇 (linalool)，但是它們和酒類飲料含的酒精成份不同，那個酒精是乙醇，精油不含乙醇。醇的特性是無害、刺激神經系統、利肝、促進免疫，抗菌、抗病毒、殺菌。精油的醇類最常見的是單萜烯醇，對皮膚來說比較溫和，對抗病毒、抗菌、提升機體免疫力、提振精神等大有幫助，多存在於薰衣草、天竺葵、玫瑰等精油中。

醇類還分倍半萜烯醇和雙萜烯醇。倍半萜烯醇同樣能夠提升機體免疫力，使情緒平和，代表的精油有岩蘭草、檀香等。雙萜烯醇在快樂鼠尾草裡能找到，含有動情激素。

●酮類 (Ketones)

英文字尾是 -one 就是酮類，一個氧原子雙鍵和一個碳原子相連，同時這個碳原子和其他兩個碳原子單鍵相連。迷迭香內含馬鞭草酮 (verbenone)，酮類是親水性化合物，所以植物蒸餾後所產生的純露當中可能含有酮類。在精油裡面的酮類，要謹慎而適量使用，可以刺激免疫系統，殺死黴菌，對化痰功能顯著；但是因為酮類對身體有強烈作用，大部份具有毒性和特別的味道，但是過量的話，則會引發神經毒性，孕婦、嬰幼兒、癲癇病患者，需慎重或避免使用。

如果酮適量使用效果是很好，能促進皮膚再生、化痰功效也很卓越，一般人平日低劑量使用並不會有問題，含

倍半萜酮的精油則是安全的永久花、雪松、桂花等精油。

●酯類 (Esters)

英文字尾是 -yl 代表是酯類，酯類是由醇類與酸結合所形成的，醇 + 酸 → 酯 + 水 = 酯化反應，所以乙酸 (acetic acid) 加上沉香醇 (linalool)，就成為乙酸沉香酯 (linalyl acetate)。酯類的氣味甜美而芬芳，揮花性極高，是精油中最安全，最溫和的，通常水果的果香 (蘋果、橘子……) 就是由酯類所造成的，而花朵在盛開的時候所萃取的精油，酯類的含量最高。

富含酯類的精油，具有平衡、抗痙攣、抗發炎等等的功效，親膚性也很好，在放鬆、止痛、幫助睡眠也有效果。酯類如果與其他芳香分子搭配使用，有鎮定、放鬆的作用，或是抗沮喪，這都是因為富含酯類的精油，能為心靈帶來的自在感。代表的精油有橙花、薰衣草、洋甘菊、茉莉等。

●酚類 (phenols)

酚類和醇類的英文字尾都是 -ol，因為兩者有共通之處，但並非完全一樣。一個醇羥基群和一個苯相接所形成的環狀，酚類的結構呈現很強的陽性反應，所以化學性也很活潑，酚類是很有效的抗菌、防腐和殺菌劑，同時也是神經系統和免疫系統的興奮劑。酚的結構為環狀，不易被打散，能量很大，其分子不易分解；需要靠自身提升免疫力才能分解，所以會刺激自身提升免疫力，又稱為免疫促進劑。如果精油中含有大量的某種酚類，則必須以低劑量、短期的方式來使用。如果使用不當，對皮膚會有刺激性，長期大量使用，可能會有肝毒害，所以一定謹慎小心使用。

含有酚類物質的精油效果強大，具有止痛、激勵免疫系統的功能，但是一定要低劑量使用。代表的精油百里香、丁香、羅勒中即含有丁香酚 (Eugenol) 的成份。

●醛類 (Aldehydes)

英文字尾有 -al 或 hyde 的就是醛類，一個氧原子雙鍵，在一個碳原子的尾鍵相接，它的第四鍵經常接一個氫原子 -CHO，通常都有強烈香氣，就算只有微量醛類也會有明顯的氣味，因此在香水界廣為使用。醛類精油具刺激性，在精油配方中宜少量使用，不要超過整體配方的 20%；特別留意對肌膚的潛在刺激性，和容易氧化變質的特性，醛類若暴露在空氣中很容易氧化，一旦氧化之後，除了降低其抗菌能力之外。也可能引起刺激或敏感現象。醛類的特質介於醇類與酮類之間，其作用有抗感染、抗微生物、抗發炎、調理、鎮靜、止痛、擴張血管、降低血壓、降低體溫等。精油中常見醛類分子有肉桂醛 Cinnamaldehyde、檸檬醛 Citral、香茅醛 Citronellal。常歸類為醛類的精油有肉桂、檸檬香茅、檸檬、尤加利。

●酸類（Acids）

酸類在精油的含量通常不會很高，因為酸是一種有機物，大部份溶於水，幾乎都在純露中，所以是一種罕見的成份，具有很好的抗炎、鎮靜等功效。精油中含有多種酸，如水楊酸，有除皺美膚的效果；弱酸，可以用來治療皮膚問題，也有消炎、退燒、止痛、鎮靜安撫的作用。不過，當酸類和醇類結合，就會形成重要而常見的酯類。

●氧化物類（Oxides）

氧化物通常是由醇類衍生而來，在結構上包含一個氧原子形成一個環狀，所以氧化物的英文名稱大多會保留醇類成份後加上 oxide，例如：沉香醇氧化物（linalool oxide），這個帶有氧原子的分子結構（多數指桉油醇），氣味刺激衝鼻，微量的氣味也帶有種清新感，常使人精神為之一振；具有促進循環、促進紅血球帶氧量的作用，能強化身體代謝速率；能夠活絡呼吸系統的黏膜腺體，同時也有收斂、

排除或收乾過多黏液的效果，對於抗病毒與空間淨化也有強大的作用。這種成份常利用在喉糖，或是某些強調提振精神的口香糖當中，目的就是為了要達到舒緩喉部或是提振精神的效果。精油中常見的氧化物成份是桉油醇，一般稱為 1,8 桉油醇 (1,8 cineole)，這也是尤加利精油的主要成份。

●內酯類 (Lactones) 和香豆素類 (Coumarins)

內酯類的化學名稱太長，多以俗名表示，英文字尾以 -in 表示，是一群酯和一個碳原子結合的環狀系統，例如堆心菊內酯 (helenalin)，有時字尾以 -one 表示，例如傘型花內酯 (umbelliferone)，內酯消解黏液有超強的功效，強化肝臟功能。香豆素是從內酯內衍生而來，它們的名稱一樣，字尾通常以 -one 或 -in 表示，香豆素可安撫驚嚇的情緒，發揮鎮靜、放鬆的作用。但是如果大量使用內酯和香豆素可能會產生神經毒性，例如佛手柑精油含有佛手柑內

酯，就是一種呋喃香豆素，可能造成光毒性，使用後應避免日照或光照療程。

　　本書精油列舉英文成份說明：（上述英文也可查詢）

　　benzyl acetate 乙酸苄酯、beta-caryophyllene 石竹烯、chamazulene 母菊薁、citronollol 香茅醇、ethers 醚、euchlyptus globulus 藍桉、geraniol 香葉醇、limonene 檸檬烯、linalyl acetate 乙酸芳樟酯、methyl chavicol 甲基佳味醇、monoterpenes 單萜烯、myrcene 月桂烯、neryl acetate 乙酸橙花酯、phenyl ethyl alcohol 苯基乙醇、pinene 派烯、sabinene 香檜烯、sclareol 香紫蘇醇、sesquiterpenes 倍半萜烯、

terpineol 松油醇、terpinyl acetate 乙酸萜品酯

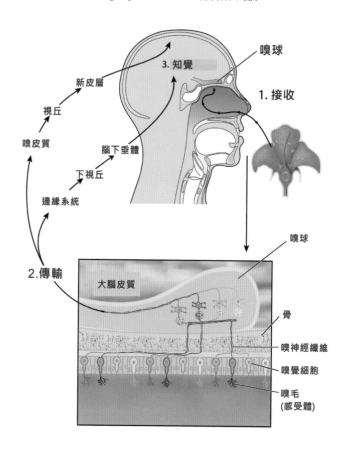

　　精油的使用方法大致有六種，1. 吸入法、2. 蒸氣吸入法、3. 沐浴法、4. 熱敷法、5. 塗抹法、6. 按摩法，但是本

書主要是介紹吸入法，因為要改善居家的生活空間能量，就必須以薰香的方式，讓精油芳香分子飄散在這個空間，一方面改善氣場，另一方面居住在這空間的人也可因此而受到身體和心理的正面效應。

由於精油具有揮發性，加上精油大多數是芳香族化合物，分子可以透過鼻孔進入鼻腔，加上鼻腔內空氣相對溫暖，芳香族化合物就會被分佈在鼻腔內部的黏液溶解，這一層薄薄的黏液，大約含有一千萬的嗅覺細胞。

而嗅覺細胞是一種神經細胞，是人體中樞神經系統中唯一和外界直接接觸的神經細胞，是延伸於腦部之外的腦細胞之一。這些芬芳的香氣在一吸一吐之間讓大腦留下印記，也同時由專門負責這類氣味的特定神經細胞進行處理，啟動一連串的反應，包括蛋白質、酵素、細胞等產生神經衝動，進入負責處理感覺、情緒和荷爾蒙反應的大腦邊緣系統，邊緣系統可以處理疼痛、憂鬱、焦慮、認知障礙、躁鬱、壓力相關病症、睡眠、更年期問題和經前症候

群、性慾等。神經系統和大腦可以直接互動，是精油得以療癒的重要根源，尤其是關於心理狀態和情緒，精油能夠產生直接的影響作用。

再者，純精油芳香分子透過嗅神經的傳遞到達邊緣系統後，再影響以下腦中各個區塊，以下是為曾被考慮列入邊緣系統內的結構：

- **杏仁體 (Amygdala)**：涉及指令刺激性的重要皮質刺激，例如關於報仇及恐懼，另外還有社交功能例如交配。

- **海馬體 (Hippocampus)**：是形成長期記憶的必要部份。

- **扣帶回 (Cingulate Gyrus)**：調整心跳、血壓，以及處理認知及注意力的自律功能。

- **穹隆 (Fornix)**：把訊號由海馬體傳至乳頭狀體及中隔內核。

- **下視丘 (Hypothalamus)**：經由激素的產生及釋放，使

自律神經系統變得規律。影響及調整心跳、血壓、飢餓、口渴、性刺激以及睡眠節率。

- **丘腦 (Thalamus)**：大腦皮質的「中轉站」。

此外，以下結構偶爾亦會視為邊緣系統的一部份：

- **乳頭體 (Mamillary Body)**：對於記憶的形成甚為重要。

- **腦下垂體 (Pituitary Gland)**：分泌荷爾蒙並調整體內平衡。

- **齒狀回 (Dentate Gyrus)**：被認為是建設新記憶及調整快樂的因素。

- **梨狀皮質 (Piriform Cortex)**：在嗅覺系統中接收氣味投入。

- **嗅球 (Olfactory Bulb)**：負責嗅覺感覺的輸入。

- **伏隔核 (Nucleus Accumbens)**：負責報酬、快樂及上癮的功能。

- **前額腦區底部 (Orbitofacial Cortex)**：對決策甚為必要。

每個人對於精油的香味都有自己主觀的看法，這就是因為氣味、回憶和情緒之間具有複雜的菇系。歷代以來，我們使用香氣促使提升愉悅的心情，當然，如果能夠用對精油，不僅生活品質提升，對於心理與身體的作用更能平衡和諧。

在使用純天然精油應該不會造成身體不適的情況，但是如果使用具有合成化學成份的精油，劣質的合成香精除了對身體沒有任何益處，還會造成身體的負擔，輕則引發過敏，部份成份甚至會擾亂人體荷爾蒙與雌激素，引發惡性腫瘤。市售便宜的香精，對身體不會有任何好處，最好走遠。

經由呼吸系統仍然可以獲得精油所含對身體有益的成份，透過肺氣泡傳遞至血液而輸送到其他器官，這可從晚上薰香後，早上起床排出的第一泡尿液中驗德得知，因此

如果使用對的精油，對於身體是有微調的效應。

　　如果是從中醫經絡的理論來看，我們所吸入的香氣，就會到素髎穴（鼻尖正中央），再到膽經脈的懸顱穴（頭部鬢髮中部，鬢髮前緣中點入髮際五分處，當頭維與曲鬢間沿髮際所作弧形連線的中點。）、懸厘穴（頭顳鬢髮下部，當頭維與曲鬢間沿髮際所作弧形連線的下 1/4 折點處，在髮際後五分，或在額角與耳尖連線的中點處定穴。），以及三焦經脈的顱息穴（頭部耳根後緣與耳後髮際之間，當翳風與角孫沿耳輪所連弧線的上 1/3 折點處。），再進入腦力，所以有時候聞到香氣在這個區域會有微微發汗的現象，就是這些氣穴在運作。

最簡單的設備，從以前就一直在使用的設備，最適宜，不必去花時間找很炫的香氣揮發器，只要一個加熱薰香台就夠了，價格不貴，造型看起來喜歡就好。

選用陶瓷製品，因為陶瓷加熱時還可以發出遠紅外線能量波，其 4-14 微米波段可以共振人體細胞，對於細胞的能量傳導力提升，可促進人體血液循環，因此其波段也是對於該空間有利的氣場。

薰香台的高度如果太低，上面盛水的面積要大，才不會因為燃燒距離太近而致使陶製品破裂、如果高度較高，則盛水面積較小，才可以讓燃燒溫度足夠使精油揮發。加熱方式使用小蠟燭或燈泡皆可，如果不再使用小蠟燭，只需拿一根小湯匙蓋上，就可以安全而輕易地熄滅蠟燭，千萬不要用吹的，有安全之虞。

精油依據自身對於香味的喜好，可以混合，但最多不要超過六滴，尤其是這個薰香台同時肩負著提升居家空

間能量及微調身體機能兩個作用，屬於每一兩天就薰香一次，每次不需過多的精油，少量而穩定地釋出即可。如果房間裡面有人覺得不適，請立刻開窗戶讓房間通風，並降低精油的用量。

通常一個薰香台的使用空間約為八坪左右，這樣的空間也剛好是該房間氣流能量蓄積的空間，只要在該空間的最邊端或最裡面擺放薰香，讓那個空間定時有一個香氣即可。不需要放在冷氣或電風扇風口吹送，不需要快速地飄散到遠處，因為每個空間的能量不同，只需要在這個特定的空間，盡量穩定地釋放香氣即可。

使用蠟燭薰香台，請留意不要放在易燃物旁邊使用，或是窗戶邊風大的地方，同時要隨時注意水量是否足夠，避免空燒而導致薰香台破裂，對於精油過熱後的品質也會變味。

建議燃燒時，將房間的窗戶打開一個小縫，讓空氣得以對流和流動。

最後的簡易使用方法步驟提醒：

1. 上面盛水處加滿水。

2. 滴入最多六滴的純精油，可以混合其他精油。

3. 點燃小蠟燭，放入薰香台底部。

4. 留意不要放在易燃物旁邊，或是風大的地方。

5. 適度地打開窗戶一個小縫，讓空氣對流流通。

6. 不用時，拿一小湯匙蓋上蠟燭，就可以安全滅火。

7. 每天只要一次即可，或是兩天點一次，或是每次點的是同樣五行屬性，而不同的精油，輪流替換。

特別注意：

1. 不要放在容易打翻的物體上面，要平穩地放在穩固的檯面上。

2. 避免空燒。

3. 請放在小孩和寵物觸摸不到的地方，以免發生打翻或燒傷的意外。

4. 使用於小孩，請先從滴一滴開始試驗，觀察小孩的情況，如果小孩有呼吸急促或滯礙，或是嘔吐等情況，請即馬上停止使用；如果小孩的情況正常，就逐次加滴一滴，最多一次只能滴六滴精油薰香。

另外，如果真的擔心火燭危險的話，市面上還有一種乾式擴香儀也可以考慮使用，相對於水霧式，乾式擴香儀就顯得比較安全方便，它是一種藉由插電馬達的空氣，直接針對精油進行少許的衝擊、發散，將精油直接噴發，使精油緩慢地擴散出來，由於是乾式沒有水霧，所以就沒有水霧容易造成室內發霉的問題，可以考慮使用。

採用石膏製作的擴香石也可以考慮，只要滴在擴香石五、六滴讓石膏吸收，再慢慢地釋出精油香味，也是一項安全而方便的做法。

精油薰香吸入效果的相關研究

上述所提的是精油吸入的生理反應機制，以下列出幾個人體的實驗研究，分別列舉降血壓、降低壓力、改善睡眠品質、改善肺功能和運動能力等，證明精油吸入對人體生理有一定的效用。

1. 精油薰香吸入對於血壓的研究

根據 Kim 和 Kwon(2010)[1] 對於使用精油薰香吸入而降低收縮壓和脈搏力的研究，以及 Chia(2010)[2] 等研究顯示，經過三週，每天兩次，嗅吸兩分鐘，收縮壓和脈搏力都有下降的現象。

---

1 Kim, M.J., Kwon, Y.J.(2010). Effects of aroma inhalation on blood pressure, pulse, visual analog scale, and menair scale in nursing students practicing intravenous injection at the first time. International Journal of Advanced Science and Technology, 23:21-23.

2 Cha, J.H., Lee, S.H., Yoo, Y.S.(2010). Effects of aromatherapy on changes in the autonomic nervous system, aortic pulse wave velocity and aortic augmentation index in patients with essential hypertension. Journal of Korean Academy of Nursing, 40: 705-713.

2. 精油薰香吸入對於壓力、睡眠品質的研究

　　Lee(2017)[3] 找 60 位實驗者分為兩組，薰香組 30 位，對照組 30 位，為期四週，一天兩次，白天和睡前，實驗組所吸入的精油是檸檬 lemon、尤加利 eucalyptus、茶樹 tea tree、薄荷 peppermint 以 4:2:2:1 的比例調配，研究顯示按照精油薰香吸入的方法，可以降低心理壓力和沮喪感，並且改善睡眠品質，但不會影響生理指標，以及壓力指數或免疫狀態。

　　Kawai 等人 (2018)[4] 找了 12 名健康大學生 (8 位女性、4 位男性)，為期 15 天，每天睡前滴兩滴精油，兩種精油分別實驗 15 天 (共 30 天)。研究指出，使用薰衣草精油薰香，不良睡眠者的客觀睡眠潛伏期減少 58%(12 分鐘)，顯示薰衣草精油的吸入可用於減輕客觀睡眠品質。在實驗研究的條件控制之下，吸入精油顯示可以改善睡眠品質較差參與者的睡眠狀況。薰衣草精油似乎比甜橙精油更有效，特別是在改善睡眠潛伏期方面。但是在主觀睡眠分析中，以精

油改善了睡眠品質較差受試者的睡眠維持、夢境和睡眠時間，這方面甜橙精油似乎比薰衣草精油更有效。兩種精油之間的差異顯示，以精油薰香對於不良睡眠者都具有改善睡眠品質的功效。

3. 精油薰香吸入對於肺功能和運動能力的研究

McKenzie 和 Hedge(2005) 研究在不同條件下吸入薄荷精油對跑步成績的影響。找了 18 位年輕女性受試者跑了 3.25 英里，被分為幾組。研究顯示戴著薄荷香型面膜組在跑步任務中，薄荷吸入可顯著降低心率。

---

3 Lee, Mi-kyoung; Lim, Sunog; Song, Ji-Ah; Kim, Mi-Eun; Hur, Myung-Haeng(2017). The effects of aromatherapy essential oil inhalation on stress, sleep quality and immunity in healthy adults: randomized controlled trial. European Journal of Integrative Medicine, 12: 79-86.

4 Kawai, Hiroshi; Tanaka, Saki; Nakamura, Chika; Ishibashi, Takuya; Mitsumoto, Atsushi(2018). Effects of essential oil infalation on objective and subjective sleep quality in healthy university students, Sleep Biol. Rhythms, 16: 37-44.

　　而 Dedecay(1995)[6] 的一項研究顯示，給予法國自行車手的含迷迭香和薄荷的水溶液可使肌肉放鬆，並減輕肌肉疲勞。Raudenbush at el.(2001[7], 2002[8]), and Spotten(2016)[9] 的研究也顯示，薄荷吸入可以減少身體的工作量和沮喪感的感知力。

5　MacKenzie, C.M.; Hedge, A.(2005). Is peppermint an ergogenic aid to atheletic performance? Rev Hum Factors Ergon. 49: 1229-33.

6　Dedecay, S.(1995). The odor and therapeutic effects of the plants found in Cyprus, J Nicosia Private Turkish Univ, 1: 137-44.

7　Raudenbush, B.; Corley, N.; Eppich, W.(2001). Enhancing athletic performance through the administration of peppermint odor, J Sport Exercise Psychol, 23(2): 156-60.

8　Raudenbush, B.; Meyer, B., Eppich, B.(2002). The effects of odors on objective and subjective measures of athletic performance., Int Sports J., 6(1):14-27.

9　Spotten, L.; Corish, C.; Lorton, C.; Dhuibhir, P.U.; O'Donoghue N.; O'Connor, B. et al.(2016). Subjective taste and smell changes in treatment-naïve people with solid tumours, Support Care Cancer, 2016, 1-8.

第四單元

精油五行分類
輔以中醫經脈之健康效果參

第四單元
精油五行分類
輔以中醫經脈之健康效果參考

　　本書列舉 36 個精油，每個精油依其屬性分別列出對身體和心理的效應，以供參考，同時由於精油內含複雜的化學物質，各有作用與屬性不同，很難只歸納一個五行屬性，這也造成了各家對於精油的五行常有歸類不一的情況。

　　本書依照中醫對於該植物的五行歸經，例如肺經屬金，心經屬火，脾經屬土，肝經屬木等方式，據以推斷該精油的五行屬性；但也因為這樣，使得絕大多數的精油擁有很多屬性，有些是相生，木火相生；有些是相剋，水火相剋；有些是相生也相剋，木土金，木剋土，土生金；依其五行原理，再根據各精油實際應用到身體和心理的效

應，還是可以找到合適的精油，或是搭配的精油。

　　至於精油五行屬性的判定，本書的立場是以精油作用於人體的效用，並以中醫的理論觀之，因為涉及中國的五行觀念，因此判定的準則就放在中醫經絡脈理的理論上。

　　經絡是一個人體氣血運行的有機組織體，各個通道以十二經脈為主，將五臟 (肝、心、脾、肺、腎)、六腑 (膽、胃、大腸、小腸、膀胱、三焦)、頭部、軀幹四肢等都互相串聯起來，分別是：

1. 手三陰經：

(1)　手太陰肺經，屬肺 (陰金) 絡大腸 (陽金)：寅時血氣流注於肺臟，這段時間主要作用在呼吸及氣體交換作用。患者主要反映在喉、胸、肺部、呼吸系統。主要症狀有易疲倦、支氣管炎、胸悶痛、氣喘、掌中發熱、咳嗽、肩背痛等。

(2)　手少陰心經，屬心 (陰君火) 絡小腸：午時血氣流注

於心臟，這段時間主要作用在調節血液循環及大腦作用。患者主要反映在血液循環系統、心和神志。主要症狀有臉部發熱或蒼白、口渴、心悸痛、心律不整、呼吸不順、盜汗、手心熱痛、心神不寧、情緒易怒等。

(3)　厥陰心包經，屬心包 (陰相火) 絡三焦 (陽相火)：戌時血氣流注於心包臟，這段時間主要作用在提節血液循環、呼吸系統及整個胸腔的氣血循環。患者主要反映在心臟、肺臟，胃，神志。主要症狀有心悸、手腳痠麻、痔瘡、失眠、手心發熱、心煩、目黃等。

2. 手三陽經：

(1)　手陽明大腸經，屬大腸 (陽金) 絡肺 (陰金)：卯時血氣流注於大腸腑，這段時間主要作用在促進腸胃蠕動，排泄作用。患者主要反映在下腸胃道、排泄系統，頭面耳鼻喉等。主要症狀有口臭、口乾、鼻炎、牙痛、喉腫痛、痔瘡、腹脹、腹瀉、便祕、背脊僵硬等。

(2) 手太陽小腸經，屬小腸（陽君火）絡心：未時血氣流注於小腸腑，這段時間主要作用在消化與吸收的功能。患者主要反映在頭部兩側、耳部、消化器官。主要症狀有癲癇、眼球泛黃、喉嚨發炎、耳聾、目黃、便祕、腹瀉、痔瘡、皮膚過敏等。

(3) 手少陽三焦經，三焦（陽相火）絡心包（陰相火）：亥時血氣流注於三焦體膜與淋巴管，這段時間主要作用在調解體內臟腑機能、神經系統、大腦皮層神經。患者主要反映在頭、耳、喉、胸。主要症狀有咽喉腫痛、頭暈眼花、皮膚過敏、耳鳴、頭痛、肩臑痛、耳後痛等。

3. 足三陰經：

(1) 足太陰脾經，屬脾（陰土）絡胃：巳時血氣流注於脾臟，這段時間主要作用在造血、消化及調節血糖作用。患者主要反映在胃腸疾病、脾臟、胃、食道等。主要疾

病有舌頭打結、舌根強硬、胸悶痛、嘔吐、面目身發黃、食慾不振、貧血、神經衰弱、失眠等。

(2) 足少陰腎經，屬腎(陰水)絡膀胱(陽水)：酉時血氣流注於腎臟，這段時間主要作用在生殖、過濾、代謝、排毒功能。患者主要反映在腎臟、生殖系統，小腹、腸病。主要症狀有目眩耳鳴、心跳快、呼吸不順、倦怠、飲食不振、心煩、萎靡不振、抵抗力降低、容易感冒等。

(3) 足厥陰肝經，屬肝(陰木)絡膽：丑時血氣流注於肝臟，這段時間主要作用是在儲藏血液、解毒、血液淨化、消化作用。患者主要反映在肝臟、生殖器、泌尿與腸部疾病。主要症狀有皮膚粗糙、喉乾、胸中悶滿、精神恍惚、小便不通等。

4. 足三陽經：

(1) 足陽明胃經，屬胃(陽土)絡脾：辰時血氣流注於胃腑，

這段時間主要作用在促進消化功能。患者主要反映在消化器官、腸胃病、發熱病、頭面鼻齒喉等。主要症狀有胃痛、偏頭痛、鼻塞、胸悶、胃口不好、眼袋及臉頰浮腫下垂、流鼻血、胃食道逆流、胃中寒脹滿等。

(2) 足太陽膀胱經，屬膀胱(陽水)絡腎(陰水)：申時血氣流注於膀胱腑，這段時間主要作用在泌尿系統及水份代謝及排毒功能。患者主要反映在排泄器官、眼鼻頭頸、腰背。主要症狀有頭痛、鼻塞、腰背疼痛、痔瘡、頻尿、膀胱炎、神經衰弱、月經不順等。

(3) 足少陽膽經，屬膽(陽木)絡肝：子時血氣流注於膽腑，這段時間主要作用是輔助調節消化及內臟機能。患者主要反映在膽、胰臟等消化附屬器官。主要症狀有口苦、偏頭痛、腰痛、胸悶、腹脹、月經不順、膽道疾病、便祕、膝關節痛等。

因此，人有五臟六腑，加上心包絡，即膽、肝、肺、大腸經、胃、脾、心、小腸、膀胱、腎、心包、三焦等共

有十二臟器。每個臟器配合經絡走向，可以說都是一種自然的正向能量。然而如果身體健康狀況遭到了破壞，或外界環境打破了身心平衡，或是哪一個臟器出了問題，身體的整體能量就不平衡，就會產生相對應的負面情緒或生理疾病。

　　例如各臟器的能量過低或運作出問題，所產生負面情緒傾向。

　　腎—恐懼、害怕；膀胱—自我否定、絕望、沮喪、無力感。

　　肝—憤怒、嫉妒、暴怒；膽—焦躁、挫折、諷刺、攻擊性。

　　心—抑鬱、敏感；小腸—脆弱、被拋棄、孤獨、不穩定。

　　脾—焦慮、憂慮；胃—恐懼未來、緊張、優柔寡斷。

　　肺—：悲傷；大腸—失落、哭泣、固執。

　　心包絡—壓力、壓抑、失去中心；三焦—自我防衛、

偏執、自我攻擊。

　　每一個臟器都屬於一條經絡，負面情緒或是生理狀況出問題，就會堵塞這條臟器的經絡，所以，就要使用有益於該經絡的食物或藥物，疏通這些堵塞的經絡，就可以改善心理或生理的問題。

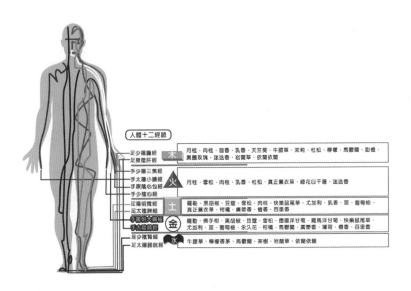

人體十二經脈

| | 足少陽膽經 足厥陰肝經 | 木 | 月桂、肉桂、茴香、乳香、天竺葵、牛膝草、茉莉、杜松、檸檬、馬鬱蘭、甜橙、奧圖玫瑰、迷迭香、岩蘭草、依蘭依蘭 |
| 手少陽三焦經 手厥陰心包經 | 火 | 月桂、雪松、肉桂、乳香、杜松、真正薰衣草、綠花白千層、迷迭香 |
| 手少陰心經 |
足陽明胃經 足太陰脾經	土	羅勒、黑胡椒、豆蔻、雪松、肉桂、快樂鼠尾草、尤加利、乳香、薑、葡萄柚、真正薰衣草、柑橘、廣藿香、檀香、百里香
手陽明大腸經 手太陰肺經	金	羅勒、佛手柑、黑胡椒、豆蔻、雪松、德國洋甘菊、羅馬洋甘菊、快樂鼠尾草、尤加利、薑、葡萄柚、永久花、柑橘、馬鬱蘭、廣藿香、薄荷、檀香、百里香
足少陰腎經 足太陽膀胱經	水	牛膝草、檸檬香茅、馬鬱蘭、茶樹、岩蘭草、依蘭依蘭

　　每個精油都會有中醫歸經，也就是當精油透過任何方式進入人體後，就會作用在人體的哪些器官，由於人體的

器官也有五行歸屬，其生剋之互動已經在本書剛開始解說五行時已各有舉例說明，所以本書對於精油的五行判準是依歸經，先全部列出歸經的五行屬性，由於每一個精油經常不是只有屬於一個五行氣，它們經常同時有好幾個五行屬性，這是正常的現象，植物生長在各地，經常是為當地人或動物所用，這也是大自然造物的神妙之處，在一個地區內生病，應該會有相對應的植物可以治療。

對於一個精油有多種五行屬性，即再依五行生剋化的原理，判定該精油應屬於哪一種或兩種五行之氣，例如佛手柑精油的本身即具有木性、土性、金性，按理會作用於人體三大類器官，但是佛手柑只具備金氣一種，這是依五行相生相剋的原理。因為土金相生，金剋木削弱木，木剋土削弱土，所以在人體內木性和土性器官受到剋制而無法發揮效用，只有金性經脈器官才能有作用，所以佛手柑就定位為金氣精油。

又例如雪松精油同時具有木性、火性、土性、金性，

因為五行歸經。而金剋木削弱木，木性器官受到剋制沒有發揮作用，而火剋金無礙，因為土金相生，金氣仍然保有應有的功能。因此，雪松精油就同時具有火氣，土氣，金氣三類的功能，作用於三類的經脈器官之中。

使用說明：有關精油之成份與藥理作用，僅做自然療法之參考，切不可取代正統醫療行為，如果有罹患相關疾病，應先經正統醫師診療，並應遵照醫師指示用藥。家中有孕婦及六歲以下小孩宜謹慎使用，甚至要避免使用為宜。

◎本書精油五行的簡易查核表：

(說明：「☆」表示原具有該五行功能，但因為相剋
而失去其功能；「★」表示實際上擁有的五行功能)

木	火	土	金	水	精油	適用五行屬性
		★	★		羅勒	土氣，金氣。土金相生。
★	★				月桂	木氣，火氣。木火相生。
☆		☆	★		佛手柑	金氣。土金相生，金剋木削弱木，木剋土削弱土。
		★	★		黑胡椒	土氣，金氣。土金相生。
		★	★		豆蔻	土氣，金氣。土金相生。
☆	★	★	★		雪松	火氣，土氣，金氣皆可。金剋木削弱木，火剋金無礙。
☆			★		德國洋甘菊	金氣。金剋木削弱木。
☆			★		羅馬洋甘菊	金氣。金剋木削弱木。
★	★	★		☆	肉桂	木氣，火氣，土氣皆可。土剋水削弱水，木剋土無礙。

		★	★		快樂鼠尾草	土氣，金氣。土金相生。
		★	★		尤加利	土氣，金氣。土金相生。
★		☆		☆	茴香	木氣。水生木，木剋土削弱土，土剋水削弱水。
★	★	★			乳香	木氣，火氣，土氣皆可。木剋土無礙。
★					天竺葵	木氣。
		★	★		薑	土氣，金氣。土金相生。
		★	★		葡萄柚	土氣，金氣。土金相生。
☆			★		永久花	金氣。金剋木削弱木。
★				★	牛膝草	水氣，木氣。水木相生。
★		☆			茉莉	木氣。木剋土削弱土。
★	★				杜松	木氣，火氣。木火相生。
		★	★		真正薰衣草	火氣，土氣。火土相生。
★		☆			檸檬	木氣。木剋土削弱土。
	☆			★	檸檬香茅	水氣。水剋火削弱火。
		★	★		柑橘	土氣、金氣。土金相生。

★			★	★	馬鬱蘭	金氣，水氣，木氣。金剋木無礙。
	★				綠花白千層	火氣。
★					甜橙	木氣。
		★	★		廣藿香	土氣，金氣。土金相生。
☆			★		薄荷	金氣。金剋木削弱木。
★		☆			奧圖玫瑰	木氣，木剋土削弱土。
★	★				迷迭香	木氣，火氣。木火相生。
		★	★		檀香	土氣，金氣。土金相生。
	☆			★	茶樹	水氣。水剋火削弱火。
		★	★		百里香	土氣，金氣。土金相生。
★		☆		★	岩蘭草	水氣，木氣。木剋土削弱土。
★				★	依蘭依蘭	水氣，木氣。水木相生。

羅勒 Basil, sweet

羅勒：土氣、金氣精油。土金相生。

　　台灣人稱為九層塔，自古即經常被用於料理和藥品。其名稱源於希臘語彙有「王」之意。有一股甜美又辛辣的香味，還有些許的綠草香氣和木質味。有很好的提振效果，可以使我們的感覺敏銳，注意力更加集中。

● **植物科屬**：唇形科 (Labiatae)，羅勒屬 (Ocimum)。

● **植物學名**：Ocimum basilicum

● **有效成份**：50% alcohols, 25% phenols, ethers, 15% monoterpenes linalool, methyl chavicol, eugenol

● **注意事項**：可興奮激勵，過量反而麻痺，可輪替其他精油。懷孕期間盡量避免，因為可通經。用於皮膚上可能有刺激性。

◎中國醫學的觀點：

● **性味**：辛、溫。

● **歸經**：胃經(屬土)、脾經(屬土)、大腸經(屬金)、肺經(屬金)。依照以上的歸經大多是作用於呼吸及氣體交換；促進腸胃蠕動、排泄；造血、消化及調節血糖；以及促進消化功能。

1. 足陽明胃經（屬土）

胃代表個人的學習、理解與說話的能力。

如果胃氣陽實(太充實)，在情緒上容易神經緊張、性急、思緒紛雜。其在行為則傾向懷疑善變、說話又急又快、吃東西更急、肌肉緊繃、不能放鬆。

如果胃氣陰虛(虛損)，在情緒上容易多思多夢、神經質、疑神疑鬼；其在行為上則患得患失、睡不著或多夢、多疑善變。

2. 足太陰脾經（屬土）

脾代表個人對別人情緒的感覺，與外界事物的接納能力。

如果脾氣陽實（太充實），在情緒上看任何事情都討厭、厭煩；其在行為傾向嫌東嫌西、什麼都看不順眼、沒耐心。

如果脾氣陰虛（虛損），在情緒上容易想不開而心事重重、身心沉重；其在行為傾向身體遲重懶得動、愛做白日夢、什麼事都不耐煩。

3. 手陽明大腸經（屬金）

大腸代表個人的決心、表達自我的方式、價值觀。

如果大腸氣陽實（太充實），在情緒上容易暴躁、煩躁不安；其在行為傾向頑固、愛嘮叨訓人、愛生氣罵人。

如果大腸氣陰虛（虛損），在情緒上愛生悶氣、情緒晦暗；其在行為傾向任性耍脾氣、懶散沒心情做事。

4. 手太陰肺經（屬金）

肺代表個人的自我意識、自信心、魄力。

如果肺氣陽實（太充實），在情緒上容易心煩、心躁；
其在行為傾向過度自信、我行我素、處世欠圓通。

如果肺氣陰虛（虛損），在情緒上容易憂傷、悲愁、
自艾自憐；其在行為傾向畏縮沒自信、愛幻想悲劇、
不知自己該做什麼。

◎精油調理的觀點：

主要屬性：抗真菌、抗發炎、防腐、鎮痛、頭痛、抗抑鬱、
平靜、解熱、止痙攣、去脹氣、助消化、祛痰、
刺激荷爾蒙、興奮激勵、滋補等。

心理調適：沉溺、無法專注、焦慮、沮喪、擔憂、冷漠、
困惑等。

生理療效：刺激雌性激素分泌，改善月經方面作用。

心理療效：神經疲勞時舒緩壓力，振奮情緒，改善憂鬱頗
　　　　　有效。

月桂 Bay Laurel, sweet bay

月桂：木氣、火氣精油。木火相生。

「桂」與「貴」發音相同，有榮華富貴的吉祥含意。
桂枝可以入藥，可以祛風避邪，這是在風水的使用方式。
秋天開花，有「獨佔三秋壓群芳」的美名，花朵繁密，花
香怡人。

● **植物科屬**：樟科 (Lauraceae)、月桂屬 (Laurus)。

● **植物學名**：Laurus nobilis

● **有效成份**：Oxides － cineole, Phenols - eugenol, Monoter-
penes － pinene, myrcene, limonene, Alcohols － linalool

● 注意事項：對於使用在皮膚按摩上有爭議，它會刺激皮膚，甚至可能波及黏膜組織。懷孕期間避免使用。

◎中國醫學的觀點：

● **性味**：辛、微溫。

● **歸經**：膽經 (屬木)、三焦經 (屬火)。依照以上的歸經大多是作用於調解體內臟腑機能、神經系統、大腦皮層神經；輔助調節消化及內臟機能。

1. 足少陽膽經（屬木）

膽代表個人的膽識、決斷能力。

如果膽氣陽實 (太充實)，則在情緒上容易急躁、易興奮；其行為也傾向急性子、話多、表情手勢多。

如果膽氣陰虛 (虛損)，則會顯現出驚惶不安、沒安全感、心慌意亂；在行為上會怕見陌生人、睡不安穩、怕別人大聲發脾氣。

2. 手少陽三焦經（屬火）

三焦代表個人的組織能力。

如果三焦氣陽實（太充實），則在情緒上容易顯現煩躁、易怒、靜不下來；其行為經常是野心家、任何事都非我不可，沒我不行、爭強好勝。

如果三焦氣陰虛(虛損)，則在情緒上容易悲觀、焦慮、不安、敏感；其行為經常皺著眉苦著臉、恐懼憂鬱、不能入眠。

◎精油調理的觀點：

主要屬性：抗感染、防腐、鎮痛、去脹氣、助消化、祛痰、滋補等。

心理調適：憤怒、恐慌症、焦慮、自卑等。

心理療效：有輕微的麻醉效果，使心靈溫暖平靜。

身體療效：對消化系統有顯著的助益，可以幫助你打開胃

口、袪退脹氣、安撫胃痛，而且養肝補腎，促進尿液流動。

不管是風濕痛、一般性疼痛或是扭傷，月桂均有減輕症狀的效果。在感覺寒冷的情況下，特別適合以月桂為處方。同時，藉由它發汗的作用，月桂也能降低體溫。用在傳染性疾病上的功效卓著，可能還有助於治療支氣管炎。

能調理生殖系統，調節流量過少的月經，並可在生產時加速產程。也能幫助耳朵感染的病情好轉，進而減輕暈眩的感覺，恢復平衡。

金

佛手柑 Bergamot

佛手柑：金氣精油。土金相生，金剋木削弱木，木剋土削弱土。

平安、吉祥是風水的含意，吉祥的佛手形象還有招財之意。它的果皮被用於伯爵茶的主要香料之一，也推動了古龍水的盛行。有甘甜的果香味，清新的柑橘味，帶一點花香味。

● **植物科屬**：芸香科 (Rutaceae)，柑橘屬 (Citrus)。

● **植物學名**：Citrus bergamia

● **有效成份**：Esters and alcohols, also 33% monoterpenes, linalyl acetate, limonene, linalool

● **注意事項**：有光毒性，使用於皮膚後，在兩小時內盡量避免曝曬在艷陽下，會曬黑或曬傷皮膚，可能會刺激皮膚。

◎中國醫學的觀點：

● **性味**：辛、苦、酸、溫

● **歸經**：肺經 (屬金)、肝經 (屬木)、胃經 (屬土)。木性和土性經脈沒有作用。依照以上的歸經大多是作用於呼吸及氣體交換作用。

1. 手太陰肺經（屬金）

肺代表個人的自我意識、自信心、魄力。

如果肺氣陽實 (太充實)，在情緒上容易心煩、心躁；其在行為傾向過度自信、我行我素、處世欠圓通。

如果肺氣陰虛 (虛損)，在情緒上容易憂傷、悲愁、自艾自憐；其在行為傾向畏縮沒自信、愛幻想悲劇、

不知自己該做什麼。

◎精油調理的觀點：

主要屬性：抗感染、結疤、防腐、治創傷、鎮痛、抗抑鬱、
鎮靜劑、解熱、去脹氣、消臭、滋補等。

心理調適：憤怒、沉溺、神經緊張、焦慮、沮喪、擔憂、
挫折、悲傷、失眠、壓力、冷漠、倦怠、困惑、
消極等。

生理療效：很好的尿道抗菌劑，處理尿道發炎很有效，能
改善膀胱炎；能減輕消化不良、脹氣、絞痛、
食慾不振；優良的腸胃抗菌劑，驅除腸內寄生
蟲，並明顯消除膽結石。

心理療效：既能安撫，又能提振，因此是焦慮、沮喪、精
神緊張時的最佳選擇；它的振奮作用與興奮作
用不同，能夠幫助人放鬆。

黑胡椒　Black pepper

黑胡椒：土氣、金氣精油。土金相生。

　　獨特的香氣誰都很熟悉，四千年以來就是很重要的香料之一。羅馬人很崇敬黑胡椒，甚至可以用來取代金錢而交易。它的香氣能夠溫暖我們的心靈，激發我們前進的力量，是陪伴我們積極面對艱難的好夥伴。

● **植物科屬**：胡椒科 (Piperaceae)，胡椒屬 (Piper)。

● **植物學名**：Piper nigrum

● **有效成份**：Monoterpenes & sesquiterpenes (betacaryophyllene, alpha & beta pinene, sabinene, limonene)

● **注意事項**：如果頻繁使用，可能會過度刺激腎臟，宜
輪替其他精油使用。

◎中國醫學的觀點：

● **性味**：辛、熱。

● **歸經**：胃經（屬土）、大腸經（屬金）。依照以上的歸
經大多是作用於促進腸胃蠕動、排泄作用；促進消化
功能。

1. 足陽明胃經（屬土）

胃代表個人的學習、理解與說話的能力。

如果胃氣陽實（太充實），在情緒上容易神經緊張、
性急、思緒紛雜。其在行為則傾向懷疑善變、說話又
急又快、吃東西更急、肌肉緊繃，不能放鬆。

如果胃氣陰虛（虛損），在情緒上容易多思多夢、神
經質、疑神疑鬼；其在行為上則患得患失、睡不著或

多夢、多疑善變。

2. 手陽明大腸經（屬金）

大腸代表個人的決心、表達自我的方式、價值觀。

如果大腸氣陽實（太充實），在情緒上容易暴躁、煩躁不安；其在行為傾向頑固、愛嘮叨訓人、愛生氣罵人。

如果大腸氣陰虛（虛損），在情緒上愛生悶氣、情緒晦暗；其在行為傾向任性耍脾氣、懶散沒心情做事。

◎精油調理的觀點：

主要屬性：防腐、鎮痛、解熱、止痙攣、去脹氣、滋補、發紅劑等。

心理調適：憤怒、無法專注、冷漠、困惑、性冷感等。

心理療效：使頭腦清新、恢復活力，尤其適用於受驚嚇的狀況。

身體療效：黑胡椒精油最重要的用途，是幫助免疫系統抵抗傳染性的疾病，策動白血球形成防護線，以迎戰入侵的生物體，並可縮短罹病的時間，為強效的抗菌精油。

豆蔻 Cardamom

豆蔻：土氣、金氣精油。土金相生。

世界上最古老的香料之一，應用與變化相當多款的辛香材料。在印度料理當中，還被稱為香料界的女王，也是製作咖哩必須的食材。只要是富有性感和東方基調的香水，絕大多數都含有豆蔻的成份。

● **植物科屬**：薑科 (Zingiberaceae)，豆蔻屬 (Amomum)。

● **植物學名**：Elettaria cardamomum

● **有效成份**：terpinyl acetate (ester), 1,8 cineole (oxide) (each may be present up to 50%)

● **注意事項**：使用於皮膚上，敏感性皮膚宜小心使用。

◎中國醫學的觀點：

● **性味**：辛、溫。

● **歸經**：脾經（屬土）、胃經（屬土）、肺經（屬金）。依照以上的歸經大多是作用於呼吸及氣體交換作用；造血、消化及調節血糖作用；促進消化功能。

1. 足太陰脾經（屬土）

脾代表個人對別人情緒的感覺，與外界事物的接納能力。

如果脾氣陽實（太充實），在情緒上看任何事情都討厭、厭煩；其在行為傾向嫌東嫌西、什麼都看不順眼、沒耐心。

如果脾氣陰虛（虛損），在情緒上容易想不開而心事重重、身心沉重；其在行為傾向身體遲重懶得動、愛做白日夢、什麼事都不耐煩。

2. 足陽明胃經（屬土）

胃代表個人的學習、理解與說話的能力。

如果胃氣陽實（太充實），在情緒上容易神經緊張、性急、思緒紛雜。其在行為則傾向懷疑善變、說話又急又快、吃東西更急、肌肉緊繃、不能放鬆。

如果胃氣陰虛（虛損），在情緒上容易多思多夢、神經質、疑神疑鬼；其在行為上則患得患失、睡不著或多夢、多疑善變。

3. 手太陰肺經（屬金）

肺代表個人的自我意識、自信心、魄力。

如果肺氣陽實（太充實），在情緒上容易心煩、心躁；其在行為傾向過度自信、我行我素、處世欠圓通。

如果肺氣陰虛（虛損），在情緒上容易憂傷、悲愁、
自艾自憐；其在行為傾向畏縮沒自信、愛幻想悲劇、
不知自己該做什麼。

◎精油調理的觀點：

主要屬性：防腐、鎮痛、頭痛、去脹氣、助消化、祛痰、
利尿、興奮激勵、滋補等。

心理調適：憤怒、情緒波動、恐慌症、焦慮、沮喪、苦惱、
冷漠、困惑、性慾低等。

生理療效：溫暖的特性很適合滋養胃部，能有效預防便祕、
改善脹氣、反胃、口臭、腹瀉等問題；催情，
改善性冷感。

心理療效：提振情緒，使人感覺清新並賦予活力，還能清
理迷惑、紊亂的思緒。

雪松 Cedarwood, atlas

雪松：火氣、土氣、金氣精油。火土相生，土金相生，金剋木削弱木，火剋金無礙。

　　長壽、好運是風水上的含意，象徵純潔和永生。在古埃及是王公貴族專用的昂貴香料，也用於木乃伊的防腐。名稱在閃族語中有「靈性的力量」之意，具有鎮靜緩和作用，使身體平衡正常化。

● **植物科屬**：松科 (Pinaceae)，雪松屬 (Cedrus)。

● **植物學名**：Cedrus atlantica

● **有效成份**：50% sesquiterpines, 30% alcohols and 20% ketnoes

● **注意事項**：懷孕期間避免使用，高濃度的精油使用在

皮膚上，可能會刺激皮膚。

◎中國醫學的觀點：

● **性味**：根、節、葉味苦性溫。花粉、松香味甘性溫。

● **歸經**：心經（屬火）、胃經（屬土）、大腸經（屬金）、肝經（屬木）。木性經脈沒有作用。依照以上的歸經大多是作用於調節血液循環及大腦；促進腸胃蠕動、排泄；促進消化功能。

1. 手少陰心經（屬火）

心代表個人的責任感，心智的表現及生命力。

如果心氣陽實（太充實），則在情緒上容易異常興奮、狂喜、愛玩樂；其行為較為好大喜功、愛表現好享受、好名貪功、得意忘形。

如果心氣陰虛（虛損），則在情緒上顯得無聊、寂寞、落寞感；其行為傾向膽小沒有擔當、沒有主見、怕東怕西。

2. 足陽明胃經（屬土）

胃代表個人的學習、理解與說話的能力。

如果胃氣陽實（太充實），在情緒上容易神經緊張、性急、思緒紛雜。其在行為則傾向懷疑善變、說話又急又快、吃東西更急、肌肉緊繃、不能放鬆。

如果胃氣陰虛（虛損），在情緒上容易多思多夢、神經質、疑神疑鬼；其在行為上則患得患失、睡不著或多夢、多疑善變。

3. 手陽明大腸經（屬金）

大腸代表個人的決心、表達自我的方式、價值觀。

如果大腸氣陽實（太充實），在情緒上容易暴躁、煩躁不安；其在行為傾向頑固、愛嘮叨訓人、愛生氣罵人。

如果大腸氣陰虛（虛損），在情緒上愛生悶氣、情緒晦暗；其在行為傾向任性耍脾氣、懶散沒心情做事。

◎精油調理的觀點：

主要屬性：防腐、止血、鎮靜劑、袪痰、利尿等。

心理調適：挑釁、憤怒、強迫症、情緒波動、焦慮、擔憂、悲傷、優柔寡斷、失眠、自卑等。

生理療效：(1) 對生殖泌尿系統有幫助，減輕慢性風濕病，對支氣管炎、咳嗽、流鼻水、多痰等有絕佳療效；(2) 可調節腎功能，益友壯陽之功效。

心理療效：神經緊張和焦慮狀態可以藉雪松的安撫效果獲得鎮定。

德國洋甘菊 Chamomile, German

德國洋甘菊：金氣精油。金剋木削弱木。

希臘文的意思是「地蘋果」，因為它具有蘋果香，而洋甘菊也可以治療附近草木的疾病，只要種在植物看起來很虛弱的周圍，該植物又會恢復元氣，被稱為是植物的醫生。古埃及人除了拿來治療疾病，還用來美化潤澤頭髮，長年被拿來當作洗髮精的成份之一。

● **植物科屬**：菊科 (Asteroideae)，母菊屬 (Matricaria)/ 春黃菊屬 (Recutita)。

● **植物學名**：Matricaria chamomilla, Matricaria recutita

● **有效成份**：35% sesquiterpines, 35% oxides, 20% alcohols,

coumarins the chamazulene content is responsible for the blue colour

● **注意事項**：懷孕早期避免使用，有通經的效果。

◎中國醫學的觀點：

● **性味**：甘、溫。

● **歸經**：肺經(屬金)、肝經(屬木)。木性經脈沒有作用。依照以上的歸經大多是作用於呼吸及氣體交換作用。

1. 手太陰肺經（屬金）。

肺代表個人的自我意識、自信心、魄力。

如果肺氣陽實 (太充實)，在情緒上容易心煩、心躁；其在行為傾向過度自信、我行我素、處世欠圓通。

如果肺氣陰虛 (虛損)，在情緒上容易憂傷、悲愁、自艾自憐；其在行為傾向畏縮沒自信、愛幻想悲劇、不知自己該做什麼。

◎精油調理的觀點：

主要屬性：抗真菌、抗發炎、結疤、治創傷、鎮痛、鎮靜劑、
降血壓、止痙攣、去脹氣、助消化、刺激荷爾
蒙等。

心理調適：憤怒、神經緊張、沮喪、挫折、苦惱、消極等。

心理療效：具有安撫效果，可紓解焦慮、緊張、憤怒與恐
懼，讓人放鬆感覺平和。

生理療效：具有止痛的功能，可緩和肌肉疼痛。可改善持
續的感染，能夠刺激白血球的製造，進而抵抗
細菌，增強免疫系統，對抗貧血也頗見效。

羅馬洋甘菊 Chamomile, Roman

羅馬洋甘菊：金氣精油。金剋木削弱木。

　　一樣是整株植物會發出類似蘋果的香味，可以放鬆心情，紓解不安的情緒，對於精神穩定與緩和疼痛有效果。也可以拿來蒸臉，是一個作用溫和的精油，可以用於兒童和老年人的護理。

- **植物科屬**：菊科 (Asteroideae)，母菊屬 (Matricaria)/ 春黃菊屬 (Recutita)。

- **植物學名**：Chamaemelum nobile, Anthemis nobilis

- **有效成份**：Ester (75%)

- **注意事項**：懷孕早期避免使用，有通經的效果。

◎中國醫學的觀點：

● **性味**：甘、溫。

● **歸經**：肺經(屬金)、肝經(屬木)。木性經脈沒有作用。
依照以上的歸經大多是作用於呼吸及氣體交換作用。

1. **手太陰肺經（屬金）。**

肺代表個人的自我意識、自信心、魄力。

如果肺氣陽實(太充實)，在情緒上容易心煩、心躁；
其在行為傾向過度自信、我行我素、處世欠圓通。

如果肺氣陰虛(虛損)，在情緒上容易憂傷、悲愁、
自艾自憐；其在行為傾向畏縮沒自信、愛幻想悲劇、
不知自己該做什麼。

◎精油調理的觀點：

主要屬性：防腐、治創傷、鎮痛、鎮靜劑、止痙攣、去脹氣、

助消化、刺激荷爾蒙等。

心理調適：挑釁、憤怒、易怒、神經緊張、焦慮、崩潰、沮喪、擔憂、挫折、悲傷、失眠、壓力、苦惱、倦怠、消極等。

心理療效：具有安撫效果，可紓解焦慮、緊張、憤怒與恐懼，讓人放鬆感覺平和。

生理療效：具有止痛的功能，可緩和肌肉疼痛。可改善持續的感染，能夠刺激白血球的製造，進而抵抗細菌，增強免疫系統，對抗貧血也頗見效。

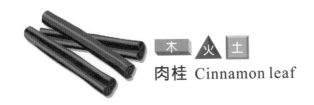

木　火　土

肉桂 Cinnamon leaf

肉桂：木氣、火氣、土氣精油。木火相生，火土相生，土剋水削弱水，木剋土無礙。

　　中醫就有用肉桂入藥，藥典古籍都有記載。它的辛香帶一點甘甜味道，經常用於飲料或料理之中而為大家所熟知。對於腸內氣體囤積過多或有消化不良的情況，肉桂通常都可以幫得上忙。

● **植物科屬**：樟科 (Lauraceae)、樟屬 (Cinnamomum)。

● **植物學名**：Cinnamomum zeylanicum, Synonym - Cinnamomum verum

● **有效成份**：Eugenol (a phenol) from leaf － 86%, Cinnamaldehyde (aldehyde) from bark

● **注意事項**：使用在皮膚上可能會使皮膚過敏；懷孕時避免使用，有可能會導致流產。

◎中國醫學的觀點：

● 性味：性辛溫、味甘、大熱。

● 歸經：肝經(屬木)、心經(屬火)、脾經(屬土)、腎經(屬水)。水性經脈沒有作用。依照以上的歸經大多是作用於調節血液循環及大腦；造血、消化及調節血糖；儲藏血液、解毒、血液淨化、消化作用。

1. 足厥陰肝經（屬木）

肝代表個人的行動能力、內在的信仰。

如果肝氣陽實(太充實)，則在情緒上容易憤怒、貪心、衝動、易亢奮；其行為也傾向追求感官刺激、追求名利與權勢、貪戀一切享受。

如果肝氣陰虛(虛損)，則在情緒上容易消極、退縮、自憐、鬱悶；其行為則較有隱遁逃世的心態、自命清

高、追求精神上的安慰。

2. 手少陰心經（屬火）

心代表個人的責任感，心智的表現及生命力。

如果心氣陽實（太充實），則在情緒上容易異常興奮、狂喜、愛玩樂；其行為較為好大喜功、愛表現好享受、好名貪功、得意忘形。

如果心氣陰虛（虛損），則在情緒上顯得無聊、寂寞、落寞感；其行為傾向膽小沒有擔當、沒有主見、怕東怕西。

3. 足太陰脾經（屬土）

脾代表個人對別人情緒的感覺，與外界事物的接納能力。

如果脾氣陽實（太充實），在情緒上看任何事情都討厭、厭煩；其在行為傾向嫌東嫌西、什麼都看不順眼、沒耐心。

如果脾氣陰虛(虛損),在情緒上容易想不開而心事重重、身心沉重;其在行為傾向身體遲重懶得動、愛做白日夢、什麼事都不耐煩。

◎精油調理的觀點:

主要屬性:防腐、止痙攣、去脹氣、興奮激勵、春藥等。

心理調適:沮喪、挫折、冷漠、倦怠、困惑、無力、自卑等。

生理療效:減輕經痛,治療白帶,舒緩肌肉痙攣及風濕病,改善關節疼痛。治療消化不良、胃脹氣和噁心、腹瀉。

心理療效:對筋疲力竭和虛弱、沮喪的安撫功效絕佳。

快樂鼠尾草 Clary sage

快樂鼠尾草：土氣、金氣精油。土金相生。

　　拉丁文有「明亮」、「澄淨」之意。在歐洲，它的葉子被用於添加葡萄酒和啤酒的風味，或是把葉子搗碎油炸當蔬菜食用。有甜甜的果香氣，花香的調性，以及一股淡淡的青草味。

● **植物科屬**：唇形科 (Labiatae)，鼠尾草屬 (Salvia)。

● **植物學名**：Salvia sclarea

● **有效成份**：70% esters, 20% alcohols: sclareol, linalool, terpineol

● **注意事項**：不要在開車之前使用，因為鎮靜效果強，注意力不易集中。不要在飲酒前使用，會感到反胃，

用量過多也會導致頭痛。懷孕期間不可使用。

◎中國醫學的觀點：

● **性味**：苦，寒。

● **歸經**：胃經(屬土)、肺經(屬金)、大腸經(屬金)。
依照以上的歸經大多是作用於呼吸及氣體交換；促進
腸胃蠕動，排泄；促進消化功能。

1. 足陽明胃經(屬土)

胃代表個人的學習、理解與說話的能力。

如果胃氣陽實(太充實)，在情緒上容易神經緊張、
性急、思緒紛雜。其在行為則傾向懷疑善變、說話又
急又快、吃東西更急、肌肉緊繃、不能放鬆。

如果胃氣陰虛(虛損)，在情緒上容易多思多夢、神
經質、疑神疑鬼；其在行為上則患得患失、睡不著或
多夢、多疑善變。

2. 手太陰肺經（屬金）

肺代表個人的自我意識、自信心、魄力。

如果肺氣陽實（太充實），在情緒上容易心煩、心躁；其在行為傾向過度自信、我行我素、處世欠圓通。

如果肺氣陰虛（虛損），在情緒上容易憂傷、悲愁、自艾自憐；其在行為傾向畏縮沒自信、愛幻想悲劇、不知自己該做什麼。

3. 手陽明大腸經（屬金）

大腸代表個人的決心、表達自我的方式、價值觀。

如果大腸氣陽實（太充實），在情緒上容易暴躁、煩躁不安；其在行為傾向頑固、愛嘮叨訓人、愛生氣罵人。

如果大腸氣陰虛（虛損），在情緒上愛生悶氣、情緒晦暗；其在行為傾向任性耍脾氣、懶散沒心情做事。

◎精油調理的觀點：

主要屬性：抗真菌、抗抑鬱、平靜、鎮靜劑、降血壓、止痙攣、消臭、刺激荷爾蒙、滋補等。

心理調適：挑釁、憤怒、易怒、強迫症、沉溺、神經緊張、焦慮、崩潰、沮喪、擔憂、優柔寡斷、失眠、壓力、苦惱、倦怠等。

生理療效：荷爾蒙的平衡劑，特別有助於子宮方面的問題，能調節月經流量太少，減輕經前症候群的症狀；幫助分娩，並可安撫產後憂鬱症。能避免流汗過多，改善夜間盜汗。可以降低皮脂腺(尤其是頭部)的分泌。

心理療效：鎮定緊張情緒，改善頭痛和偏頭痛，舒緩焦慮的心情。具有溫暖、抗痙攣的特性。

土 ⾦

尤加利 Eucalyptus

尤加利：土氣、金氣精油。土金相生。

　　無尾熊的最愛，因為無尾熊而眾所周知，生命力非常強韌，成長也很迅速，也是世界上最高大的樹種之一。希臘文的意思是「被覆蓋完好」，因為它的花苞是被杯狀薄膜包覆，直到花開時薄膜才會被剝掉。類似薄荷的香氣，經常會讓心情清爽。

● **植物科屬**：桃金孃科(Myrtaceae)，傘房桉屬(Corymbia)。

● **植物學名**：Eucalyptus globulus, Eucalyptus rediata, Eucalyptus citriodora (Lemon eucalyptus), Eucalyptus dives

● **有效成份**：Euchlyptus globulus － high percentage 1,8 cineole (an oxide)

● **注意事項**：它是強效精油，劑量不要放太多。六歲以下小孩不宜使用。

◎中國醫學的觀點：

● **性味**：苦、溫。

● **歸經**：脾經(屬土)、肺經(屬金)。依照以上的歸經大多是作用於呼吸及氣體交換；造血、消化及調節血糖作用。

1. 足太陰脾經(屬土)

脾代表個人對別人情緒的感覺，與外界事物的接納能力。

如果脾氣陽實(太充實)，在情緒上看任何事情都討厭、厭煩；其在行為傾向嫌東嫌西、什麼都看不順眼、沒耐心。

如果脾氣陰虛(虛損)，在情緒上容易想不開而心事重重、身心沉重；其在行為傾向身體遲重懶得動、愛

做白日夢、什麼事都不耐煩。

2. 手太陰肺經（屬金）

肺代表個人的自我意識、自信心、魄力。

如果肺氣陽實（太充實），在情緒上容易心煩、心躁；
其在行為傾向過度自信、我行我素、處世欠圓通。

如果肺氣陰虛（虛損），在情緒上容易憂傷、悲愁、
自艾自憐；其在行為傾向畏縮沒自信、愛幻想悲劇、
不知自己該做什麼。

◎精油調理的觀點：

主要屬性：抗感染、結疤、治創傷、止血、鎮痛、降血壓、
解熱、止痙攣、祛痰、利尿、消臭、發紅劑等。

心理調適：憤怒。

生理療效：(1) 抗病毒的作用，對呼吸道疾病最有效，能緩
和發炎現象，使鼻黏膜舒適，如：傷風、感冒、
咳嗽、鼻竇炎等；(2) 對發燒有效果，可降低

體溫，使身體清涼；也可消除體臭，改善偏頭痛；(3) 它對生殖泌尿系統也有幫助，可改善膀胱炎和腹瀉。

心理療效：提神醒腦，集中注意力。

茴香 Fennel, sweet

茴香：木氣精油。水生木，木剋土削弱土，土剋水削弱水。

土生土長的地中海國家的植物，在中古世紀也與巫術和迷信有關，被認為茴香和聖約翰草一起使用，可保護和對抗邪惡的力量。無論是歐洲、印度和中東，它都是傳統的香料和藥草，香氣甜美，帶有一點點泥土和辛辣味。

● **植物科屬**：傘形科 (Umbelliferae/Apiaceae)，茴香屬 (Foeniculum)。

● **植物學名**：Foeniculum vulgare

● **有效成份**：60% phenols, 24% monoterpenes

● **注意事項**：可能對皮膚會產生敏感，孕婦和癲癇患者最少不要使用。

◎中國醫學的觀點：

● **性味**：氣芳香，味甘微辛。

● **歸經**：肝經 (屬木)、脾經 (屬土)、胃經 (屬土)、腎經 (屬水)。土性和水性經脈沒有作用。依照以上的歸經大多是作用於儲藏血液、解毒、血液淨化、消化作用。

1. 足厥陰肝經（屬木）

肝代表個人的行動能力、內在的信仰。

如果肝氣陽實(太充實)，則在情緒上容易憤怒、貪心、

衝動、易亢奮；其行為也傾向追求感官刺激、追求名利與權勢、貪戀一切享受。

如果肝氣陰虛 (虛損)，則在情緒上容易消極、退縮、自憐、鬱悶；其行為則較有隱遁逃世的心態、自命清高、追求精神上的安慰。

◎精油調理的觀點：

主要屬性：抗真菌、抗感染、抗發炎、防腐、鎮痛、降血壓、止痙攣、去脹氣、助消化、祛痰、利尿、刺激荷爾蒙、滋補等。

心理調適：沮喪、苦惱、自卑等。

生理療效：可消除體內因過度飲食及酒精所累積的毒素，是肝、腎、脾的補藥。可減輕胃部不適，因為它是消化系統的補藥。能抗痙攣和祛痰，所以罹患感冒、支氣管炎、百日咳都可派上用場。

心理療效：在困頓實可給予一股力量和勇氣。

木 火 土
乳香 Frankincense

乳香：木氣、火氣、土氣精油。土剋土無礙。

　　古法文的意思是「真正的香」，古代乳香的地位等同
黃金，傳說耶穌誕生時，東方三博士的帶去的聖禮就有乳
香。乳香被應用在不同文化中，如宣誓就職、婚禮、淨化、
驅邪、病房薰香等。在宗教儀式中，可幫助產生平靜的感
受，使呼吸趨緩而穩定。

● **植物科屬**：橄欖科 (Burseraceae)，乳香屬 (Boswellia)。

● **植物學名**： Boswellia carteri

● **有效成份**：Monoterpenes

● **注意事項**：無。

◎**中國醫學的觀點：**

● **性味**：辛、苦，溫。

● **歸經**：肝經 (屬木)、心經 (屬火)、脾經 (屬土)。依照以上的歸經大多是作用於調節血液循環及大腦；造血、消化及調節血糖；儲藏血液、解毒、血液淨化、消化作用。

1. 足厥陰肝經 (屬木)

肝代表個人的行動能力、內在的信仰。

如果肝氣陽實 (太充實)，則在情緒上容易憤怒、貪心、衝動、易亢奮；其行為也傾向追求感官刺激、追求名利與權勢、貪戀一切享受。

如果肝氣陰虛 (虛損)，則在情緒上容易消極、退縮、自憐、鬱悶；其行為則較有隱遁逃世的心態、自命清高、追求精神上的安慰。

2. 手少陰心經 (屬火)

心代表個人的責任感、心智的表現及生命力。

如果心氣陽實 (太充實)，則在情緒上容易異常興奮、

狂喜、愛玩樂；其行為較為好大喜功、愛表現好享受、好名貪功、得意忘形。

如果心氣陰虛(虛損)，則在情緒上顯得無聊、寂寞、落寞感；其行為傾向膽小沒有擔當、沒有主見、怕東怕西。

3. 足太陰脾經(屬土)

脾代表個人對別人情緒的感覺，與外界事物的接納能力。

如果脾氣陽實(太充實)，在情緒上看任何事情都討厭、厭煩；其在行為傾向嫌東嫌西、什麼都看不順眼、沒耐心。

如果脾氣陰虛(虛損)，在情緒上容易想不開而心事重重、身心沉重；其在行為傾向身體遲重懶得動、愛做白日夢、什麼事都不耐煩。

◎**精油調理的觀點：**

主要屬性：結疤、防腐、治創傷、止血、鎮靜劑、去脹氣、祛痰、利尿、免疫增強等。

心理調適：挑釁、沉溺、神經緊張、恐慌症、焦慮、沮喪、擔憂、悲傷、失眠、壓力、苦惱、倦怠、性慾低等。

心理療效：散發著溫馨清純的木質香氣，又透出淡淡的果香，讓人呼吸加深變慢，感受從未有過的放鬆和舒緩，使人感覺平穩，使心情好轉且平和。它安撫卻又有些清新的作用，能幫助焦慮及執迷過往的精神狀態。

生理療效：(1) 呼吸系統：乳香精油具有放慢及加深呼吸的效果，具清肺化痰功能，對於急性、慢性支氣管炎、咳嗽、氣喘等十分有效。(2) 生殖系統：乳香精油可溫暖子宮，調和月經，其安撫的作用在分娩時很有用，對產後憂鬱等現象也有極佳舒緩功效。

天竺葵 Geranium

天竺葵：木氣精油。

　　形似繡球，花團緊密圓潤，在風水上有富貴招財之意。
利用節慶送禮或擺置在家中，都有和樂圓滿的祝福美意。
香氣溫柔甜美，是女性的最愛，也是超高人氣的精油，同
時也有調整心理和生理平衡之效。

● **植物科屬**：牻牛兒苗科（Geraniaceae），天竺葵屬
(Pelargonium)。

● **植物學名**：Pelargonium graveolens, Pelargonium roseum

● **有效成份**：Alcohols and esters

● **注意事項**：懷孕期間不要使用，使用在皮膚按摩時，
對某些敏感性皮膚可能有刺激性。

◎中國醫學的觀點：

● **性味**：甘、酸、涼。

● **歸經**：肝經（屬木）。依照以上的歸經大多是作用於儲藏血液、解毒、血液淨化、消化作用。

1. 足厥陰肝經（屬木）。

肝代表個人的行動能力、內在的信仰。

如果肝氣陽實(太充實)，則在情緒上容易憤怒、貪心、衝動、易亢奮；其行為也傾向追求感官刺激、追求名利與權勢、貪戀一切享受。

如果肝氣陰虛（虛損），則在情緒上容易消極、退縮、自憐、鬱悶；其行為則較有隱遁逃世的心態、自命清高、追求精神上的安慰。

◎精油調理的觀點：

主要屬性：抗真菌、抗感染、抗發炎、結疤、防腐、治創傷、止血、鎮痛、抗抑鬱、降血壓、止痙攣、

去脹氣、助消化、利尿、消臭、刺激荷爾蒙等。

心理調適： 挑釁、憤怒、情緒波動、沉溺、神經緊張、焦慮、崩潰、沮喪、悲傷、失眠、壓力、苦惱、困惑等。

心理療效： 平撫焦慮、沮喪，還能提振情緒；影響腎上腺皮質，讓心理恢復平衡，紓解壓力。

生理療效： (1) 改善經前症候群、更年期問題 (沮喪、陰道乾澀、經血過多)。(2) 天竺葵具有利尿的特性，可幫助肝、腎排毒。(3) 強化循環系統，使循環更加順暢。

土 金

薑 Ginger

薑：土氣、金氣精油。土金相生。

　　薑在食物的料理和身體的治療早已為人所知，尤其是薑具有溫熱身體的功效，在感冒著涼、全身發寒不止的情況，薑即發揮莫大的功效。這個有數千年之久的香料，經常被用來刺激食慾、幫助消化，以及刺激大量流汗使用。

● **植物科屬**：薑科 (Zingiberaceae)，薑屬 (Zingiber)。

● **植物學名**：Zingiber officinale

● **有效成份**：55% Sesquiterpenes, 20% Monoterpenes

● **注意事項**：可能會刺激敏感性皮膚。

◎**中國醫學的觀點：**

● **性味**：辛、溫。

● **歸經**：脾經 (屬土)、胃經 (屬土)、肺經 (屬金)。依照以上的歸經大多是作用於呼吸及氣體交換；造血、消化及調節血糖；促進消化功能。

　1. 足太陰脾經 (屬土)

脾代表個人對別人情緒的感覺，與外界事物的接納能力。

如果脾氣陽實（太充實），在情緒上看任何事情都討厭、厭煩；其在行為傾向嫌東嫌西、什麼都看不順眼、沒耐心。

如果脾氣陰虛（虛損），在情緒上容易想不開而心事重重、身心沉重；其在行為傾向身體遲重懶得動、愛做白日夢、什麼事都不耐煩。

2. 足陽明胃經（屬土）

胃代表個人的學習、理解與說話的能力。

如果胃氣陽實（太充實），在情緒上容易神經緊張、性急、思緒紛雜。其在行為則傾向懷疑善變、說話又急又快、吃東西更急、肌肉緊繃、不能放鬆。

如果胃氣陰虛（虛損），在情緒上容易多思多夢、神經質、疑神疑鬼；其在行為上則患得患失、睡不著或

多夢、多疑善變。

3. 手太陰肺經（屬金）

肺代表個人的自我意識、自信心、魄力。

如果肺氣陽實（太充實），在情緒上容易心煩、心躁；其在行為傾向過度自信、我行我素、處世欠圓通。

如果肺氣陰虛（虛損），在情緒上容易憂傷、悲愁、自艾自憐；其在行為傾向畏縮沒自信、愛幻想悲劇、不知自己該做什麼。

◎精油調理的觀點：

主要屬性：防腐、鎮痛、解熱、去脹氣、袪痰、興奮激勵、滋補、發紅劑等。

心理調適：憤怒、沮喪、優柔寡斷、冷漠、倦怠、困惑、無力、自卑、性慾低等。

生理療效：催情劑，在治療性無能方面很有價值，改善月經不順，也可用於產後護理，以消除積存的血

塊；特別有助於改善體內濕氣、體液過多的狀態，如流行感冒、多痰和流鼻涕，也能減輕喉嚨痛及扁桃體炎。

心理療效：溫暖情緒，使人感覺敏銳並增強記憶，心情愉快。

葡萄柚 Grapefruit

葡萄柚：土氣、金氣精油。土金相生。

甜橘和柚子交配產生的，所以葡萄柚只有三、四百年的歷史而已。葡萄柚香氣本身苦味強烈，但是其中帶有清爽和甘甜感，能夠讓人精神敏銳，有一股正面的能量，也有一種幸福感。

● **植物科屬**：芸香科 (Rutaceae)，柑橘屬 (Citrus)。

● **植物學名**：Citrus X paradisi

● **有效成份**：96% Monoterpenes, mainly limonene

● **注意事項**：有光毒性，使用後不要曝曬於豔陽下，可能會引起皮膚敏感。

◎**中國醫學的觀點：**

● **性味**：性寒，味甘、酸。

● **歸經**：脾經 (屬土)、肺經 (屬金)。依照以上的歸經大多是作用於呼吸及氣體交換；造血、消化及調節血糖。

1. 足太陰脾經（屬土）

脾代表個人對別人情緒的感覺，與外界事物的接納能力。

如果脾氣陽實 (太充實)，在情緒上看任何事情都討厭、厭煩；其在行為傾向嫌東嫌西、什麼都看不順眼、沒耐心。

如果脾氣陰虛(虛損),在情緒上容易想不開而心事重重、身心沉重;其在行為傾向身體遲重懶得動、愛做白日夢、什麼事都不耐煩。

2. 手太陰肺經(屬金)

肺代表個人的自我意識、自信心、魄力。

如果肺氣陽實(太充實),在情緒上容易心煩、心躁;其在行為傾向過度自信、我行我素、處世欠圓通。

如果肺氣陰虛(虛損),在情緒上容易憂傷、悲愁、自艾自憐;其在行為傾向畏縮沒自信、愛幻想悲劇、不知自己該做什麼。

◎**精油調理的觀點:**

主要屬性:防腐、抗抑鬱、降血壓、利尿、興奮激勵等。

心理調適:挑釁、沮喪、挫折、壓力、苦惱、困惑等。

心理療效:有激勵情緒的效果,可以緩和壓力和沮喪。

生理療效:可以幫助油性皮膚保持清潔,可以調理肌膚和

組織，對治療痤瘡也有幫助。可以有效地預防感冒和流感。幫助身體排除過多的水份。透過刺激淋巴腺系統的循環，還可以排除體內的毒素。治療肌肉疲乏和僵硬療效顯著。

金

永久花 Helichrysum

(別名 Immortelle / Everlasting)

永久花：金氣精油。金剋木削弱木。

希臘文是「太陽」和「金黃」兩字，比喻永久花的花朵像金色太陽般的耀眼奪目，有不凋花的美稱。在夏天盛開，採收之後仍然可以保留原本的色彩，所以被用來當作乾燥花。它的葉子經常被用於沙拉或烹飪。

● **植物科屬**：菊科 (Asteraceae/Compositae)，蠟菊屬

(Helichrysum)。

● **植物學名**：Helichrysum italicum, Helichrysum angustif-
olium

● **有效成份**：esters, especially neryl acetate, ketones and ses-
quiterpenes

● **注意事項**：懷孕期間避免使用。

◎**中國醫學的觀點：**

● **性味**：味甘苦，性微寒。

● **歸經**：肺經(屬金)、肝經(屬木)。木性經脈沒有作用。
依照以上的歸經大多是作用於呼吸及氣體交換作用。

1. 手太陰肺經（屬金）

肺代表個人的自我意識、自信心、魄力。

如果肺氣陽實(太充實)，在情緒上容易心煩、心躁；
其在行為傾向過度自信、我行我素、處世欠圓通。

如果肺氣陰虛(虛損),在情緒上容易憂傷、悲愁、自艾自憐;其在行為傾向畏縮沒自信、愛幻想悲劇、不知自己該做什麼。

◎精油調理的觀點:

主要屬性:抗真菌、抗感染、抗發炎、結疤、防腐、止痙攣、助消化、祛痰、利尿、刺激荷爾蒙、滋補等。

心理調適:情緒波動、沉溺、恐慌症、崩潰、擔憂、挫折、悲傷、失眠、倦怠、困惑、消極等。

生理療效:可以強化免疫系統,使用後可減低過敏及傳染病的威脅;調節血壓,強化呼吸系統的整體功能,減輕感冒發燒症狀。

心理療效:緩和驚嚇、畏懼、恐慌的情緒,還能紓解抑鬱的情緒。

牛膝草 Hyssop

牛膝草：水氣、木氣精油。水木相生。

　　神香草，是它的別稱。古時候猶太人會使用牛膝草的枝葉，在宗教禮儀上灑酒或聖水，有時也會用其枝葉洗滌器物。葉子有強烈的薄荷香味，可以做香料使用，也可以拿來烹飪，整株牛膝草也可泡茶或做菜。

● **植物科屬**：唇形科 (Lamiaceae)，海索草屬 (Hyssopus)。

● **植物學名**：Hyssopus officinalis

● **有效成份**：46% Ketones, 28% Monoterpenes

● **注意事項**：只能低劑量使用，效果強勁，高血壓和癲

癇患者絕對禁止使用，孕婦也不可使用。

◎中國醫學的觀點：

● **性味**：苦、酸、微寒。

● **歸經**：腎經（屬水）、肝經（屬木）。依照以上的歸經大多是作用於生殖、過濾、代謝、排毒功能；儲藏血液、解毒、血液淨化、消化作用。

1. 足少陰腎經（屬水）

腎代表個人的創造力及先天直覺能力。

如果腎氣陽實（太充實），在情緒上容易有暴力傾向、嫉妒、不滿；其在行為傾向愛做投機性事業、挖苦人、冷嘲熱諷。

如果腎氣陰虛（虛損），在情緒上容易恐懼、害怕、挫折感；其在行為傾向自私自利、心不在焉、反應遲緩。

2. 足厥陰肝經（屬木）

肝代表個人的行動能力、內在的信仰。

如果肝氣陽實(太充實)，則在情緒上容易憤怒、貪心、衝動、易亢奮；其行為也傾向追求感官刺激、追求名利與權勢、貪戀一切享受。

如果肝氣陰虛(虛損)，則在情緒上容易消極、退縮、自憐、鬱悶；其行為則較有隱遁逃世的心態、自命清高、追求精神上的安慰。

◎精油調理的觀點：

主要屬性：抗真菌、結疤、止血、頭痛、鎮靜劑、解熱、止痙攣、去脹氣、助消化、祛痰、利尿、刺激荷爾蒙、興奮激勵、滋補等。

心理調適：憤怒、無法專注、恐慌症、焦慮、沮喪、優柔寡斷、自卑、消極等。

心理療效：能給人一種警戒的感覺，有助於緩解焦急和疲勞。因此，在康復階段，可以當作滋補品使用。

生理療效：治療呼吸系統疾病和病毒引起的感冒時，它也
是有效的。有助於治療胃絞痛、腸胃脹氣和消
化不良，調節循環。減少心率和擴張外周動脈
而降低血壓。對於瘀傷有好的治療特性。

茉莉 Jasmine

茉莉：木氣精油。木剋土削弱土。

平安、幸福、友好是茉莉在風水的含意。茉莉在中國
被製成花茶，在印度則被用來做花環，或是在宗教儀式祭
神用。茉莉也是菲律賓、突尼斯、印尼的國花，可見其受
喜愛與尊崇之地位。

● **植物科屬**：木犀科 (Oleaceae)、茉莉花屬 (Jasminaceae)。

● **植物學名**：Jasminum officinale

● **有效成份**：54% esters (including benzyl acetate), 24% alcohols

● **注意事項**：懷孕期間不可使用。有類似麻醉劑的屬性，使用時宜低劑量，會使注意力不集中。

◎中國醫學的觀點：

● **性味**：性溫，味辛香甘。

● **歸經**：肝經(屬木)、脾經(屬土)、胃經(屬土)。土性經脈沒有作用。依照以上的歸經大多是作用於儲藏血液、解毒、血液淨化、消化作用。

1. 足厥陰肝經（屬木）。

肝代表個人的行動能力、內在的信仰。

如果肝氣陽實(太充實)，則在情緒上容易憤怒、貪心、衝動、易亢奮；其行為也傾向追求感官刺激、追求名

利與權勢、貪戀一切享受。

如果肝氣陰虛(虛損)，則在情緒上容易消極、退縮、自憐、鬱悶；其行為則較有隱遁逃世的心態、自命清高、追求精神上的安慰。

◎精油調理的觀點：

主要屬性：防腐、抗抑鬱、鎮靜劑、止痙攣、春藥等。

心理調適：神經緊張、崩潰、沮喪、擔憂、悲傷、壓力、倦怠、自卑、性慾低等。

生理療效：是女性的最佳精油之一，減輕女性經痛、舒緩子宮痙攣、改善經前症候群；用於乳房的按摩有美化胸型及豐胸的作用；在男性方面，改善前列腺肥大症以及增強性功能，增加精子數，適用於男性不孕、陽痿、早洩。

心理療效：適合稀釋後塗抹於耳後，頸部、手腕、胸前當香水使用；浪漫與清幽的活力，茉莉味道清香

迷人，有助於安撫神經，使情緒獲得撫慰，可
增強自信心。抗抑鬱、穩定情緒、增加自信、
催情。

木 火

杜松 Juniper berry

杜松：木氣、火氣精油。木火相生。

「琴酒」的香氣來源，就是杜松。在西藏的祈禱節日
中，會燃燒杜松枝葉，用來紀念征服邪靈的精神。它具有
清新溫暖的木質氣味，帶有一點點甜美的松脂香氣，有些
地方它幾乎是萬能藥草植物。

● **植物科屬**：柏科 (Cuprssaceae)，(刺柏屬 Juniperus)。

● **植物學名**：Juniperus communis

● **有效成份**：mainly monoterpenes including pinene

● **注意事項**：懷孕期間不可使用。使用過於頻繁可能會過度刺激腎臟，宜輪替其他精油。

◎中國醫學的觀點：

● **性味**：甘、辛、溫。

● **歸經**：膽經（屬木）、三焦經（屬火）。依照以上的歸經大多是作用於調解體內臟腑機能、神經系統、大腦皮層神經；輔助調節消化及內臟機能。

1. 足少陽膽經（屬木）

膽代表個人的膽識、決斷能力。

如果膽氣陽實（太充實），則在情緒上容易急躁、易興奮；其行為也傾向急性子、話多、表情手勢多。

如果膽氣陰虛（虛損），則會顯現出驚惶不安、沒安全感、心慌意亂；在行為上會怕見陌生人、睡不安穩、怕別人大聲發脾氣。

2. 手少陽三焦經（屬火）

三焦代表個人的組織能力。

如果三焦氣陽實（太充實），則在情緒上容易顯現煩躁、易怒、靜不下來；其行為經常是野心家、任何事都非我不可、沒我不行、爭強好勝。

如果三焦氣陰虛（虛損），則在情緒上容易悲觀、焦慮、不安、敏感；其行為經常皺著眉苦著臉、恐懼憂鬱、不能入眠。

◎精油調理的觀點：

主要屬性：防腐、治創傷、止血、鎮痛、平靜、降血壓、止痙攣、去脹氣、興奮激勵、滋補、發紅劑等。

心理調適：沉溺、焦慮、沮喪、優柔寡斷、困惑、自卑等。

心理療效：清淨、激勵可強化神經。能淨化氣氛，讓心靈獲得支援。

身體療效：有效的利尿劑，生殖泌尿道的抗菌劑。排毒功

能，攝取過量的食物和酒精時，能排出堆積的毒素，淨化腸道黏膜。可強化四肢，當身體僵硬、活動困難時，可以減輕疼痛。

真正薰衣草 Lavender, True

真正薰衣草：火氣、土氣精油。火土相生。

在風水上真正薰衣草有純潔、清淨、感恩、和平的含意，在陽台種植有安定和平和之意。羅馬人用它來洗澡，其名稱就是清洗的意思。有清爽的草本氣味和甜美的香氣，是目前接受度頗高的精油。

● **植物科屬**：雙子葉植物綱 (Magnoliopsida)，唇型花科 (Labiatae)。

● **植物學名**：Lavandula Officinalis, Lavandula angustifolia, Lavandula vera

● **有效成份**：esters, alcohols

● **注意事項**：懷孕初期避免使用。有低血壓的人避免使用，可能會產生呆滯現象。

◎中國醫學的觀點：

● **性味**：性溫，味辛。

● **歸經**：心經(屬火)、胃經(屬土)。依照以上的歸經大多是作用於調節血液循環及大腦作用；促進消化功能。

1. 手少陰心經（屬火）

心代表個人的責任感，心智的表現及生命力。

如果心氣陽實(太充實)，則在情緒上容易異常興奮、狂喜、愛玩樂；其行為較為好大喜功、愛表現好享受、好名貪功、得意忘形。

如果心氣陰虛(虛損),則在情緒上顯得無聊、寂寞、落寞感;其行為傾向膽小沒有擔當、沒有主見、怕東怕西。

2. 足陽明胃經(屬土)

胃代表個人的學習、理解與說話的能力。

如果胃氣陽實(太充實),在情緒上容易神經緊張、性急、思緒紛雜。其在行為則傾向懷疑善變、說話又急又快、吃東西更急、肌肉緊繃、不能放鬆。

如果胃氣陰虛(虛損),在情緒上容易多思多夢、神經質、疑神疑鬼;其在行為上則患得患失、睡不著或多夢、多疑善變。

◎精油調理的觀點:

主要屬性:抗感染、抗發炎、結疤、防腐、治創傷、鎮痛、抗抑鬱、平靜、鎮靜劑、降血壓、止痙攣、去脹氣、利尿、消臭等。

心理調適：挑釁、憤怒、易怒、情緒波動、神經緊張、恐慌症、焦慮、崩潰、沮喪、擔憂、挫折、悲傷、失眠、壓力、倦怠、困惑等。

心理療效：安定情緒。能淨化、安撫心靈，減輕憤怒和筋疲力竭的感覺，使人可以心平氣和地面對生活。平衡中樞神經，平靜與舒緩功能，對失眠者有相當好的舒放與精神撫慰。

生理療效：(1) 降低高血壓，調整呼吸，改善失眠問題。(2) 對於燒燙傷有效，能促進細胞再生，保持皮脂分泌的平衡。(3) 驅蟲作用，可驅走蛾類與昆蟲。(4) 對情緒緊張與壓力大、煩躁時引起之高血壓有舒緩放鬆平滑肌的作用。

檸檬 Lemon

木

檸檬：木氣精油。木剋土削弱土。

在東南亞，檸檬是熟知的解毒良方，經常成為各種毒藥的解毒劑，也有防腐的作用。檸檬的香氣可以幫助我們轉換思緒，或是使疲憊的身心重獲新生。清新甜美的果香，在工作場合施放，可以使工作上的失誤率大幅降低。

● **植物科屬**：芸香科 (Rutaceae)，柑橘屬 (Citrus)。

● **植物學名**：Citrus limon

● **有效成份**：Monoterpenes (approx.. 90%), aldehydes – citral & citronellal

● **注意事項**：有光毒性，使用後不要曝曬在豔陽下。可能會刺激敏感性皮膚。

◎**中國醫學的觀點：**

● **性味**：味酸甘，性平。

● **歸經**：肝經(屬木)、胃經(屬土)。土性經脈沒有作用。依照以上的歸經大多是作用於儲藏血液、解毒、血液淨化、消化作用。

1. 足厥陰肝經（屬木）

肝代表個人的行動能力、內在的信仰。

如果肝氣陽實(太充實)，則在情緒上容易憤怒、貪心、衝動、易亢奮；其行為也傾向追求感官刺激、追求名利與權勢、貪戀一切享受。

如果肝氣陰虛(虛損)，則在情緒上容易消極、退縮、自憐、鬱悶；其行為則較有隱遁逃世的心態、自命清高、追求精神上的安慰。

◎精油調理的觀點：

主要屬性：抗感染、結疤、防腐、止血、抗抑鬱、平靜、降血壓、解熱、止痙攣、去脹氣、滋補、發紅劑等。

心理調適：易怒、強迫症、情緒波動、沉溺、焦慮、崩潰、沮喪、擔憂、悲傷、失眠、壓力、苦惱、冷漠、倦怠等。

生理療效：循環系統的絕佳補藥，使血液暢通，減輕靜脈曲張部位之壓力；可恢復紅血球的活力，減輕貧血的現象；促進消化系統的功能。調順整個消化系統，對胃病、胃潰瘍等有一定療效。調理循環系統，特別適合治療靜脈曲張，對高血壓也適用，預防感冒、退燒，減緩皮膚老化，幫助消化。

心理療效：感覺炙熱煩躁時，可帶來清新的感受，幫助澄清思緒。

檸檬香茅 Lemongrass

檸檬香茅：水氣精油。水剋火削弱火。

在越南、泰國和印度等地，檸檬香茅被廣泛地用於烹飪，或是做為香料。它的葉子經過搓揉後會散發淡淡的檸檬味，經常被製成花草茶飲，可以幫助紓解精神上的疲憊，為我們的心靈注入一股正面的能量。

● **植物科屬**：禾本科 Poaceae(Graminea)，香茅屬 (Cymbopogon)。

● **植物學名**：Cymbopogon citratus

● **有效成份**：70-85% aldehydes (citral)

● **注意事項**：宜低劑量使用，可能會刺激敏感性皮膚。

◎中國醫學的觀點：

● **性味**：味辛、苦，性溫。

● **歸經**：腎經（屬水）、心經（屬火）。火性經脈沒有作用。
依照以上的歸經大多是作用於生殖、過濾、代謝、排
毒功能。

1. 足少陰腎經（屬水）

腎代表個人的創造力及先天直覺能力。

如果腎氣陽實（太充實），在情緒上容易有暴力傾向、
嫉妒、不滿；其在行為傾向愛做投機性事業、挖苦人、
冷嘲熱諷。

如果腎氣陰虛（虛損），在情緒上容易恐懼、害怕、
挫折感；其在行為傾向自私自利，心不在焉，反應遲
緩。

◎**精油調理的觀點：**

主要屬性：抗感染、防腐、止血、鎮痛、抗抑鬱、鎮靜劑、
　　　　　解熱、去脹氣、消臭等。

心理調適：憤怒、失眠等。

心理療效：紓解頭痛、激勵、提振精神。

生理療效：具殺菌、除臭、驅蟲效果；治療腸胃疾病，消
　　　　　除脹氣。

土 金

柑橘 Mandarin/Tangerine

柑橘：土氣、金氣精油。土金相生。

　　相傳柑橘源於中國，也是當時送給官吏的傳統禮物，
而其乾燥的果皮是傳統中醫使用的藥材。在法國，柑橘精

油甚至被稱為是「孩子的精油」，意即為該精油無論兒童、孕婦或是老人，都可以安心使用。

- **植物科屬**：芸香科(Rutaceae)，柑橘亞科(Aurantioideae)，柑橘屬 (Citrus)。

- **植物學名**：Citrus reticulate, Citrus nobilis, Citrus madurensis

- **有效成份**：90% monoterpenes, 5% alcohols

- **注意事項**：有光毒性，盡量不要在出外曝曬強烈陽光之前使用。

◎中國醫學的觀點：

- **性味**：味甘、酸，性平。

- **歸經**：胃經 (屬土)、肺經 (屬金)。依照以上的歸經大多是作用於呼吸及氣體交換作用；促進消化功能。

1. 足陽明胃經（屬土）

胃代表個人的學習、理解與說話的能力。

如果胃氣陽實（太充實），在情緒上容易神經緊張、性急、思緒紛雜。其在行為則傾向懷疑善變、說話又急又快、吃東西更急、肌肉緊繃、不能放鬆。

如果胃氣陰虛（虛損），在情緒上容易多思多夢、神經質、疑神疑鬼；其在行為上則患得患失、睡不著或多夢、多疑善變。

2. 手太陰肺經（屬金）

肺代表個人的自我意識、自信心、魄力。

如果肺氣陽實（太充實），在情緒上容易心煩、心躁；其在行為傾向過度自信、我行我素、處世欠圓通。

如果肺氣陰虛（虛損），在情緒上容易憂傷、悲愁、自艾自憐；其在行為傾向畏縮沒自信、愛幻想悲劇、不知自己該做什麼。

◎精油調理的觀點：

主要屬性：鎮靜劑、降血壓、止痙攣、去脹氣、助消化、利尿等。

心理調適：憤怒、易怒、焦慮、沮喪、悲傷、失眠、壓力、消極等。

心理療效：清新的氣味有提振精神的作用，常用於平撫沮喪與焦慮。

生理療效：治療腸胃問題，可以調和腸胃，也能刺激腸胃蠕動、幫助排氣；鎮定消化道，增加胃口、刺激食慾。

金 水 木

馬鬱蘭 Marjoram, sweet

馬鬱蘭：金氣、水氣、木氣精油。金剋木無礙。

　　古希臘人很喜歡馬鬱蘭，在結婚儀式中把它做成花環，他們認為在希臘神話中代表愛情、美麗和性慾的女神阿芙蘿黛蒂創造了馬鬱蘭，做為幸福的象徵。穩重沉著，帶有一點辛香氣味，給人溫暖，並且幫助放鬆及獲得安心感。

● **植物科屬**：唇形科 (Lamiaceae)，牛至屬 (Origanum)。

● **植物學名**：Origanum majorana

● **有效成份**：50% alcohols, 40% monoterpenes

● **注意事項**：懷孕期間不宜使用。使用時間過久可能會導致精神遲緩狀態，宜輪替其他精油使用。

◎中國醫學的觀點：

● **性味**：辛、涼。

● **歸經**：肺經 (屬金)、腎經 (屬水)，肝經 (屬木)。依照以上的歸經大多是作用於呼吸及氣體交換作用；生殖、過濾、代謝、排毒功能；儲藏血液、解毒、血液淨化、消化作用。

1. 手太陰肺經 (屬金)

肺代表個人的自我意識、自信心、魄力。

如果肺氣陽實 (太充實)，在情緒上容易心煩、心躁；其在行為傾向過度自信、我行我素、處世欠圓通。

如果肺氣陰虛 (虛損)，在情緒上容易憂傷、悲愁、自艾自憐；其在行為傾向畏縮沒自信、愛幻想悲劇、不知自己該做什麼。

2. 足少陰腎經 (屬水)

腎代表個人的創造力及先天直覺能力。

如果腎氣陽實 (太充實)，在情緒上容易有暴力傾向、

嫉妒、不滿；其在行為傾向愛做投機性事業、挖苦人、冷嘲熱諷。

如果腎氣陰虛（虛損），在情緒上容易恐懼、害怕、挫折感；其在行為傾向自私自利，心不在焉，反應遲緩。

3. 足厥陰肝經（屬木）

肝代表個人的行動能力、內在的信仰。

如果肝氣陽實(太充實)，則在情緒上容易憤怒、貪心、衝動、易亢奮；其行為也傾向追求感官刺激、追求名利與權勢、貪戀一切享受。

如果肝氣陰虛（虛損），則在情緒上容易消極、退縮、自憐、鬱悶；其行為則較有隱遁逃世的心態、自命清高、追求精神上的安慰。

◎精油調理的觀點：

主要屬性：抗真菌、抗感染、防腐、治創傷、鎮痛、平靜、

　　鎮靜劑、降血壓、止痙攣、去脹氣、助消化、
祛痰、利尿、刺激荷爾蒙、滋補等。

心理調適：易怒、沉溺、神經緊張、恐慌症、焦慮、沮喪、
失眠、壓力、倦怠等。

生理療效：對肌肉疼痛特別有效。改善靜脈曲張，促進血
液循環，降低高血壓。改善整體膚質。

心理療效：舒緩焦慮與壓力，強化心靈，溫暖情緒。

綠花白千層 Niaouli

綠花白千層：火氣精油。

　　綠花白千層和白千層的成份、氣味和功效差異很大，
無法相互替代。它是南太平洋的原生植物，當地土著早已
經瞭解它強勁的殺菌功能，又稱為「戈曼油」，因為法國

人是從戈曼島將它運往歐洲。

● **植物科屬**：桃金孃科 (Myrtaceae)，白千層屬 (Melaleuca)。

● **植物學名**：Melaleuca viridiflora

● **有效成份**：oxides (60%), esters, alcohols

● **注意事項**：無。

◎中國醫學的觀點：

● **性味**：(皮)淡、平。(葉)辛、微溫。

● **歸經**：心經(屬火)。依照以上的歸經大多是作用於調節血液循環及大腦作用。

1. 手少陰心經（屬火）

心代表個人的責任感，心智的表現及生命力。

如果心氣陽實(太充實)，則在情緒上容易異常興奮、狂喜、愛玩樂；其行為較為好大喜功、愛表現好享受、

好名貪功、得意忘形。

如果心氣陰虛（虛損），則在情緒上顯得無聊、寂寞、落寞感；其行為傾向膽小沒有擔當、沒有主見、怕東怕西。

◎精油調理的觀點：

主要屬性：抗感染、抗發炎、結疤、防腐、治創傷、鎮痛、降血壓、解熱、助消化、祛痰、免疫增強、刺激荷爾蒙、興奮激勵、滋補、發紅劑等。

心理調適：無法專注、沮喪、挫折、優柔寡斷、困惑、自卑等。

心理療效：具有激勵的作用，可使頭腦清醒，集中注意力。

生理療效：以抗菌力著稱，對胸腔方面的傳染病非常有幫助，像慢性支氣管炎、肺結核、肺炎或是流行性感冒引起的喉炎、咳嗽都有效，甚至氣喘、鼻炎、鼻竇炎都可以用。

甜橙 Orange, sweet

甜橙：木氣精油。

　　中醫經常拿新鮮的或是乾燥的果皮用來調氣，特別是消化功能問題。其獨特、爽朗的香氣，給予一股正面的能量，有煥然一新的新鮮感，以及放鬆和幸福感，適合長期心情憂鬱、負面思考的人使用。

● **植物科屬**：芸香科 (Rutaceae)，柑橘屬 (Citrus)。

● **植物學名**： Citrus sinensis

● **有效成份**：monoterpenes (85%) limonene, myrcene

● **注意事項**：具光毒性，長期使用於皮膚，或高劑量使用，可能會對刺激敏感性皮膚。

◎中國醫學的觀點：

● **性味**：橙汁性微涼，味甘、酸。橙皮性溫味甘苦。

● **歸經**：肝經（屬木）。依照以上的歸經大多是作用於儲藏血液、解毒、血液淨化、消化作用。

1. 足厥陰肝經（屬木）

肝代表個人的行動能力、內在的信仰。

如果肝氣陽實(太充實)，則在情緒上容易憤怒、貪心、衝動、易亢奮；其行為也傾向追求感官刺激、追求名利與權勢、貪戀一切享受。

如果肝氣陰虛（虛損），則在情緒上容易消極、退縮、自憐、鬱悶；其行為則較有隱遁逃世的心態、自命清高、追求精神上的安慰。

◎精油調理的觀點：

主要屬性：抗抑鬱、鎮靜劑、降血壓、止痙攣、去脹氣、助消化等。

心理調適：強迫症、神經緊張、焦慮、崩潰、沮喪、擔憂、挫折、悲傷、冷漠、消極等。

生理療效：能預防感冒，對於身體組織的生長與修復有良好的功效，能促進發汗，因而可幫助阻塞的皮膚排出毒素，對油性、暗瘡或乾燥皮膚者皆有幫助。刺激膽汁分泌、幫助消化脂肪、舒緩肌肉疼痛。

心理療效：甜橙是少數被證明有鎮靜作用的精油之一，有著甜甜橙香味的甜橙精油，平緩神經，減壓，保持身心愉悅，增進活力。可以驅離緊張情緒和壓力，改善焦慮所引起的失眠。

土（金）
廣藿香 Patchouli

廣藿香：土氣、金氣精油。土金相生。

因為葉子散發強烈的香氣，有驅蟲效果，所以產地當地人們經常將葉子放入衣物中做為防蟲劑使用。它有少許的甘甜又帶有一點點煙燻的氣味，深沉且有一種異國情調的氛圍，經常被拿去做香水保留劑，或是代表東方色彩的香水味。

● **植物科屬**：唇形科 (Labiatae)，刺蕊草屬 / 藿香屬 (Pogostemon)。

● **植物學名**：Pogostemon cablin, Pogostemon patchouly

● **有效成份**：Sesquiterpenes (50%), alcohols (33%), oxides (6%)

● **注意事項**：低劑量會有顯著的鎮靜效果，但是高劑量則會造成刺激作用。會使人失去胃口，因此需要調整多食習慣的人會有幫助。

◎**中國醫學的觀點：**

● **性味**：味微苦而辛、溫。

● **歸經**：脾經（屬土）、胃經（屬土）、肺經（屬金）。依照以上的歸經大多是作用於呼吸及氣體交換作用；造血、消化及調節血糖作用；促進消化功能。

1. 足太陰脾經（屬土）

脾代表個人對別人情緒的感覺，與外界事物的接納能力。

如果脾氣陽實（太充實），在情緒上看任何事情都討厭、厭煩；其在行為傾向嫌東嫌西、什麼都看不順眼、

沒耐心。

如果脾氣陰虛（虛損），在情緒上容易想不開而心事重重、身心沉重；其在行為傾向身體遲重懶得動、愛做白日夢、什麼事都不耐煩。

2. 足陽明胃經（屬土）

胃代表個人的學習、理解與說話的能力。

如果胃氣陽實（太充實），在情緒上容易神經緊張、性急、思緒紛雜。其在行為則傾向懷疑善變、說話又急又快、吃東西更急、肌肉緊繃、不能放鬆。

如果胃氣陰虛（虛損），在情緒上容易多思多夢、神經質、疑神疑鬼；其在行為上則患得患失、睡不著或多夢、多疑善變。

3. 手太陰肺經（屬金）

肺代表個人的自我意識、自信心、魄力。

如果肺氣陽實（太充實），在情緒上容易心煩、心躁；

其在行為傾向過度自信、我行我素、處世欠圓通。

如果肺氣陰虛(虛損)，在情緒上容易憂傷、悲愁、自艾自憐；其在行為傾向畏縮沒自信、愛幻想悲劇、不知自己該做什麼。

◎精油調理的觀點：

主要屬性：抗真菌、抗感染、抗發炎、結疤、防腐、止血、抗抑鬱、降血壓、解熱、利尿、消臭、免疫增強、發紅劑、春藥等。

心理調適：憤怒、情緒波動、焦慮、沮喪、悲傷、苦惱、倦怠、性慾低等。

心理療效：平衡、浪漫、和諧、催情。強化中樞神經系統，平衡沮喪，提神，緩解緊張、焦慮情緒、消除疲勞、營造平衡感。

生理療效：利尿。抑制盜汗、消煩解熱、改善腹瀉、外傷。

薄荷 Peppermint

薄荷：金氣精油。金剋木削弱木。

在風水應用上薄荷有提升住宅活力之意。古希臘人和羅馬人會在宴會或慶典上使用薄荷製作皇冠，它也做為調酒或醬料的調味。薄荷是大家所熟知的香氣，清新、強烈而清涼的青草味，穿透力極強，所以會有很多的食品和清潔用品都使用它，如牙膏、肥皂、清潔劑或是糖果等。

● **植物科屬**：唇形科 (Labiatae)，薄荷屬 (Mentha)。

● **植物學名**：Mentha piperita

● **有 效 成 份**：alcohols (42%), including menthol, ketones (30%), oxides (7%), esters, sesquiterpenes, monoterpenes

● **注意事項**：懷孕和哺乳期間避免使用。不適合用於按摩，可能會刺激皮膚和黏膜組織。

◎中國醫學的觀點：

● **性味**：辛、涼寒。

● **歸經**：肺經(屬金)、肝經(屬木)。木性經脈沒有作用。依照以上的歸經和中醫主治，大多是作用於呼吸及氣體交換作用。

1. 手太陰肺經（屬金）

肺代表個人的自我意識、自信心、魄力。

如果肺氣陽實(太充實)，在情緒上容易心煩、心躁；其在行為傾向過度自信、我行我素、處世欠圓通。

如果肺氣陰虛(虛損)，在情緒上容易憂傷、悲愁、自艾自憐；其在行為傾向畏縮沒自信、愛幻想悲劇、不知自己該做什麼。

◎精油調理的觀點：

主要屬性：抗真菌、抗發炎、防腐、止血、鎮痛、頭痛、降血壓、解熱、止痙攣、去脹氣、助消化、袪痰、刺激荷爾蒙、興奮激勵等。

心理調適：無法專注、恐慌症、沮喪、挫折、冷漠、困惑、無力等。

心理療效：可安撫憤怒、歇斯底里與恐懼的狀態，能使精神提振，給予心靈自由的舒展空間。

生理療效：薄荷是治療感冒的最佳精油，能抑制發燒和黏膜發炎，並促進排汗；清咽潤喉、消除口臭具有很好的功效；清涼鎮痛的功效，可減輕頭痛、偏頭痛和牙痛；此外對於呼吸系統、消化系統、內分泌系統，都有很好的作用。

木

奧圖玫瑰 Rose otto

奧圖玫瑰：木氣精油。木剋土削弱土。

古羅馬人使用玫瑰做花環、香水，更用玫瑰花瓣處理宿醉。玫瑰在芳香植物中稱為花中之后、精油女王等，因為它有最代表女性的領域，可以安撫心情、療癒心靈，也能夠提高性的魅力，幫助表現性愛與愛情。

● **植物科屬**：薔薇科 (Rosaceae)。

● **植物學名**：Rosa damascena

● **有效成份**：rose otto – alcohols (60%), monoterpenes (20-%), high citronollol alcohol content, low phenyl ethyl alcohol content, geraniol absolute – high phenyl ethyl alcohol content, much less citronellol

● **注意事項**：懷孕期間避免使用。

◎中國醫學的觀點：

● **性味**：性甘、微苦、氣香性溫。

● **歸經**：肝經（屬木）、脾經（屬土）。土性經脈沒有作用。
依照以上的歸經大多是作用於儲藏血液、解毒、血液
淨化、消化作用。

1. 足厥陰肝經（屬木）

肝代表個人的行動能力、內在的信仰。

如果肝氣陽實(太充實)，則在情緒上容易憤怒、貪心、
衝動、易亢奮；其行為也傾向追求感官刺激、追求名
利與權勢、貪戀一切享受。

如果肝氣陰虛（虛損），則在情緒上容易消極、退縮、
自憐、鬱悶；其行為則較有隱遁逃世的心態、自命清
高、追求精神上的安慰。

◎**精油調理的觀點：**

主要屬性：抗感染、抗發炎、結疤、防腐、止血、抗抑鬱、鎮靜劑、降血壓、止痙攣、助消化、滋補、春藥等。

心理調適：憤怒、沉溺、神經緊張、焦慮、沮喪、擔憂、挫折、悲傷、失眠、壓力、冷漠、倦怠、性冷感、自卑、性慾低等。

心理療效：可平撫情緒，特別是沮喪、哀傷、嫉妒和憎惡的時候。提振心情，舒緩神經緊張和壓力。它顯然是極女性化的精油，能使女人對自我產生積極正面的感受。

生理療效：(1) 玫瑰是好的子宮補品，能鎮定經前緊張症狀，促進陰道分泌，調節月經週期。對不孕症、性冷感與性無能相當有幫助。(2) 活化停滯的血液循環，降低心臟充血現象，強化微血管。情緒低落時，可平衡並強化胃部。抗菌與輕瀉

的功能，能淨化消化道，也能改善反胃、嘔吐和便祕。

迷迭香 Rosemary

迷迭香：木氣、火氣精油。木火相生。

　　淨化空氣，提高記憶力，在風水使用上有促進事業和學業運的含意。迷迭香在中東和歐洲已有一千年歷史，被稱為「記憶之王」；也常見於婚禮和喪禮，後來逐漸成為情侶之間彼此忠貞的象徵。拉丁語意思為「海之水滴」，在地中海沿海國家，經常看到迷迭香生長在海邊。

● **植物科屬**：唇形科(Lamiaceae)，迷迭香屬(Rosmarinus)。

● **植物學名**：Rosmarinus officinalis

● **有 效 成 份**：oxides (30%), monoterpenes (30%), ketones (25%)

● **注意事項**：懷孕期間避免使用。

◎中國醫學的觀點：

● **性味**：味辛，性溫。

● **歸經**：肝經 (屬木)、心包經 (屬火)。依照以上的歸經大多是作用於提節血液循環、呼吸系統及整個胸腔的氣血循環；儲藏血液、解毒、血液淨化、消化作用。

1. 足厥陰肝經 (屬木)

肝代表個人的行動能力、內在的信仰。

如果肝氣陽實(太充實)，則在情緒上容易憤怒、貪心、衝動、易亢奮；其行為也傾向追求感官刺激、追求名利與權勢、貪戀一切享受。

如果肝氣陰虛（虛損），則在情緒上容易消極、退縮、自憐、鬱悶；其行為則較有隱遁逃世的心態、自命清高、追求精神上的安慰。

2. 手厥陰心包經（屬火）

心包代表個人的理論思維、計畫能力。

如果心包氣陽實（太充實），則在情緒上容易興奮好動、心事煩亂、情緒忽好忽壞；其行為較容易計畫多但行不通，喜愛運動、自誇、愛現。

如果心包氣陰虛（虛損），則在情緒上容易心煩意亂、神經衰弱的亂幻想；其行為專愛做一些不切實際的計畫、說話抓不到重心、愛做白日夢。

◎精油調理的觀點：

主要屬性：抗真菌、抗感染、抗發炎、結疤、防腐、止血、鎮痛、頭痛、抗抑鬱、降血壓、去脹氣、助消化、利尿、刺激荷爾蒙、興奮激勵、滋補、發

紅劑、春藥等。

心理調適：憤怒、恐慌症、沮喪、擔憂、困惑、無力、自卑等。

心理療效：活化腦細胞，使頭腦清楚，增強記憶力；改善緊張的情緒、滯悶和嗜睡；能讓人活力充沛，強化心靈，具提振和興奮作用。

生理療效：迷迭香是一種強心劑與心臟的刺激劑，使低血壓恢復正常，調理貧血的效果也很好；減輕肝炎和肝硬化，以及膽結石、黃疸、膽管阻塞；增強消化功能，改善結腸炎、消化不良、脹氣和胃痛。

土 金

檀香 Sandalwood

檀香：土氣、金氣精油。土金相生。

　　古代薰香首選，檀香在許多宗教儀式或是冥想靜坐都會使用到。具有絕佳的鎮靜效果，可以平穩情緒，舒緩精神上的壓力，當思考事情腦筋有被卡住的感覺時，檀香可以將這些痛苦解放。檀香的安定力，也很像一顆大樹，有著腳踏實地的堅實感。

● **植物科屬**：檀香目 (Santalales)，檀香科 (Santalaceae)，檀香屬 (Santalum)。

● **植物學名**：Santalum album

● **有效成份**：alcohols (80%), sesquiterpenes (10%)

● **注意事項**：雖然催情的效果眾所周知，但宜謹慎使用。

◎**中國醫學的觀點：**

● **性味**：性溫，味辛、熱、甘苦。

● **歸經**：脾經(屬土)、胃經(屬土)、肺經(屬金)。依照以上的歸經大多是作用於呼吸及氣體交換作用；造血、消化及調節血糖作用；促進消化功能。

1. 足太陰脾經（屬土）

脾代表個人對別人情緒的感覺，與外界事物的接納能力。

如果脾氣陽實(太充實)，在情緒上看任何事情都討厭、厭煩；其在行為傾向嫌東嫌西、什麼都看不順眼、沒耐心。

如果脾氣陰虛，在情緒上容易想不開而心事重重、身心沉重；其在行為傾向身體遲重懶得動、愛做白日夢、什麼事都不耐煩。

2. 足陽明胃經（屬土）

胃代表個人的學習、理解與說話的能力。

如果胃氣陽實（太充實），在情緒上容易神經緊張、性急、思緒紛雜。其在行為則傾向懷疑善變、說話又急又快、吃東西更急、肌肉緊繃、不能放鬆。

如果胃氣陰虛，在情緒上容易多思多夢、神經質、疑神疑鬼；其在行為上則患得患失、睡不著或多夢、多疑善變。

3. 手太陰肺經（屬金）

肺代表個人的自我意識、自信心、魄力。

如果肺氣陽實（太充實），在情緒上容易心煩、心躁；其在行為傾向過度自信、我行我素、處世欠圓通。

如果肺氣陰虛（虛損），在情緒上容易憂傷、悲愁、自艾自憐；其在行為傾向畏縮沒自信、愛幻想悲劇、不知自己該做什麼。

◎精油調理的觀點：

主要屬性：抗真菌、抗發炎、止血、鎮靜劑、止痙攣、去脹氣、祛痰、利尿、滋補、春藥等。

心理調適：易怒、強迫症、崩潰、沮喪、擔憂、悲傷、失眠、壓力、苦惱、冷漠、倦怠、無力、性慾低等。

生理療效：(1) 可改善膀胱炎，用來按摩於腎臟部位，有清血抗炎的功效。(2) 具有催情特性，可改善性方面的困擾，如性冷感和性無能。(3) 當黏膜發炎時，檀香能讓患者感覺舒服，幫助入眠。並可刺激免疫系統，預防細菌感染。也是優良的肺部殺菌劑，特別適合持續性和刺激過敏性的乾咳。

心理療效：有放鬆、鎮靜的效果，解除精神緊張，帶來祥和的氣氛，令人增加充實感，放鬆全身等。

茶樹：水氣精油。水剋火削弱火。

澳洲原住民最早使用茶樹，他們將茶樹葉片用手壓碎，吸它的精油香氣以舒緩感冒和頭痛，也可以當作外傷用藥。溫暖而辛辣的香氣，可以在考試前，或頭腦遲鈍無法專注時，給予清新的活力感。

- **植物科屬**：桃金娘科 (Myrtaceae)，白千層屬（Melaleuca L.）。

- **植物學名**：Melaleuca alternifolia

- **有效成份**：alcohols (45%), monoterpenes (41%), oxides

(7%), sesquiterpenes (6%)

● **注意事項**：可能會刺激敏感性皮膚。

◎**中國醫學的觀點：**

● **性味**：味微辛，性涼。

● **歸經**：腎經(屬水)、心經(屬火)。火性經脈沒有作用。依照以上的歸經大多是作用於生殖、過濾、代謝、排毒功能。

1. **足少陰腎經（屬水）**

腎代表個人的創造力及先天直覺能力。

如果腎氣陽實(太充實)，在情緒上容易有暴力傾向、嫉妒、不滿；其在行為傾向愛做投機性事業、挖苦人、冷嘲熱諷。

如果腎氣陰虛(虛損)，在情緒上容易恐懼、害怕、挫折感；其在行為傾向自私自利、心不在焉、反應遲緩。

◎精油調理的觀點：

主要屬性：抗真菌、抗感染、抗發炎、結疤、防腐、鎮痛、
　　　　　　袪痰、免疫增強、興奮激勵等。

心理調適：神經緊張、恐慌症、沮喪、優柔寡斷、冷漠、
　　　　　　倦怠、困惑、無力、消極等。

心理療效：使頭腦清新、恢復活力，尤其適用於受驚嚇的
　　　　　　狀況。能提升心志活力，有益身心，令頭腦清
　　　　　　新、恢復活力。

生理療效：提升免疫系統抵抗傳染性的疾病，策動白血球
　　　　　　形成防護線，以迎戰入侵的生物體，並可縮短
　　　　　　罹病的時間，為強效的抗菌精油。

土 金
百里香 Thyme

百里香：土氣、金氣精油。土金相生。

古希臘羅馬人，拿百里香做為烹飪和藥用植物，埃及人拿它做防腐。其希臘名意思就是「香水」，代表發散香味。因為它有強烈的草本調性，帶有甜味的香氣，能夠強化神經，使腦細胞活化，所以會讓我們的記憶力和專注力有所提升。

● **植物科屬**：唇形科 (Lamiaceae)，百里香屬 (Thymus)。

● **植物學名**：Thymus vulgaris

● **有效成份**：High phenol content (40%), monoterpenes (25%), alcohols (17%)

● **注意事項**：最好使用吸入法，不宜使用按摩或泡澡，因為它可能會刺激皮膚和黏膜組織。

◎中國醫學的觀點：

● **性味**：味辛，性溫。

● **歸經**：脾經（屬土）、肺經（屬金）。依照以上的歸經大多是作用於呼吸及氣體交換作用；造血、消化及調節血糖作用。

1. 足太陰脾經（屬土）

脾代表個人對別人情緒的感覺，與外界事物的接納能力。

如果脾氣陽實（太充實），在情緒上看任何事情都討厭、厭煩；其在行為傾向嫌東嫌西、什麼都看不順眼、沒耐心。

如果脾氣陰虛（虛損），在情緒上容易想不開而心事重重、身心沉重；其在行為傾向身體遲重懶得動、愛

做白日夢、什麼事都不耐煩。

2. 手太陰肺經（屬金）

肺代表個人的自我意識、自信心、魄力。

如果肺氣陽實（太充實），在情緒上容易心煩、心躁；其在行為傾向過度自信、我行我素、處世欠圓通。

如果肺氣陰虛（虛損），在情緒上容易憂傷、悲愁、自艾自憐；其在行為傾向畏縮沒自信、愛幻想悲劇、不知自己該做什麼。

◎精油調理的觀點：

主要屬性：抗感染、結疤、防腐、止痙攣、去脹氣、祛痰、利尿、興奮激勵、滋補等。

心理調適：無法專注、沮喪、挫折、悲傷、倦怠、無力、自卑、消極等。

生理療效：(1) 強勁的抗菌劑。改善消化系統及婦科疾病，促進血液循環，增強免疫力，減輕神經性疼痛，

抗菌。(2) 幫助傷口癒合，治療濕疹及面皰膚質。活化腦細胞，提升記憶力及注意力，抗沮喪及撫慰心靈創傷。(3) 抗菌、抗痙攣、抗昆蟲毒液、殺菌、強身、促結疤。(4) 治療感冒、咳嗽和喉嚨痛，可以治療各類呼吸道感染，以及口腔和喉嚨感染；可刺激血液循環，可提升低血壓。

心理療效：強化神經，活化腦細胞，提高記憶力和注意力；提振低落的情緒、筋疲力竭的感覺，以及挫敗的沮喪感。

水　木

岩蘭草 Vetiver

岩蘭草：水氣、木氣精油。水木相生，木剋土削弱土。

　　在印度和斯里蘭卡有「安靜之油」之稱；而其精油有優雅的鎮靜效果，也被稱為「靜寂的精油」；因為它可以讓人心情平穩、情緒平和，所以也有「放鬆之王」的美稱。岩蘭草也是香水工業最喜愛的定香劑之一。

● **植物科屬**：禾本科 (Poaceae)，培地茅屬 (Vetiveria)。

● **植物學名**：Vetyveria zizanioides

● **有效成份**：Alcohols (40), ketones (15%)

● **注意事項**：無。

◎中國醫學的觀點：

● **性味**：味微苦，寒、鹹。

● **歸經**：腎經 (屬水)、肝經 (屬木)、胃經 (屬土)。
土性經脈沒有作用。依照以上的歸經大多是作用於生
殖、過濾、代謝、排毒功能；儲藏血液、解毒、血液
淨化、消化作用。

1. 足少陰腎經（屬水）

腎代表個人的創造力及先天直覺能力。

如果腎氣陽實 (太充實)，在情緒上容易有暴力傾向、
嫉妒、不滿；其在行為傾向愛做投機性事業、挖苦人、
冷嘲熱諷。

如果腎氣陰虛 (虛損)，在情緒上容易恐懼、害怕、

挫折感；其在行為傾向自私自利、心不在焉、反應遲
緩。

2. 足厥陰肝經（屬木）

肝代表個人的行動能力、內在的信仰。

如果肝氣陽實(太充實)，則在情緒上容易憤怒、貪心、
衝動、易亢奮；其行為也傾向追求感官刺激、追求名
利與權勢、貪戀一切享受。

如果肝氣陰虛(虛損)，則在情緒上容易消極、退縮、
自憐、鬱悶；其行為則較有隱遁逃世的心態、自命清
高、追求精神上的安慰。

◎精油調理的觀點：

主要屬性：防腐、止血、鎮靜劑、滋補、發紅劑等。

心理調適：挑釁、憤怒、易怒、強迫症、沉溺、焦慮、擔憂、
壓力、苦惱、倦怠等。

心理療效：有名的鎮靜油，平衡中樞神經，鎮靜效果佳，

讓人神清氣爽，改善壓力大、焦慮、失眠以及憂慮等症。

生理療效：對中樞神經有平衡作用，可為使用者注入一種安定的感覺。活血行血的功能，可以解除肌肉痠痛，有益於風濕病及關節炎的疼痛。改善失眠狀態。

水　木

依蘭依蘭 Ylang Ylang

依蘭依蘭：水氣、木氣精油。水木相生。

這個花名是菲律賓他加祿語，其意涵是「花中之花」，因為它散發出強烈濃厚的甜美的花香調性，還帶有異國東方風情的香氣情調，具有提升感官的「催情作用」。可以

平衡左右腦，提升自信的感受。

● **植物科屬**：番荔枝科 (Anonaceae)，鷹爪花 / 卡那加屬 (Cananga)。

● **植物學名**：Cananga odorata

● **有效成份**：sesquiterpenes (40%), alcohols (20%), esters (15%), high linalool alcohol content not present in poorer grades of oil

● **注意事項**：使用在皮膚上，可能會刺激皮膚。

◎**中國醫學的觀點：**

● **性味**：性溫，味甘、辛。

● **歸經**：膀胱經 (屬水)、肝經 (屬木)。依照以上的歸經大多是作用於儲藏血液、解毒、血液淨化、消化作用；泌尿系統及水份代謝及排毒功能。

1. **足太陽膀胱經（水）**

膀胱代表個人的平衡、審美與人際關係。

如果膀胱氣陽實（太充實），在情緒上容易起伏不定、偏激、狂喜狂怒；其在行為傾向愛控制別人、愈挫折易狂亂。

如果膀胱氣陰虛（虛損），在情緒上容易喜怒無常、情緒不穩定；其在行為傾向人際關係不好、愛生氣、優柔寡斷。

2. 足厥陰肝經（屬木）

肝代表個人的行動能力、內在的信仰。

如果肝氣陽實（太充實），則在情緒上容易憤怒、貪心、衝動、易亢奮；其行為也傾向追求感官刺激、追求名利與權勢、貪戀一切享受。

如果肝氣陰虛（虛損），則在情緒上容易消極、退縮、自憐、鬱悶；其行為則較有隱遁逃世的心態、自命清高、追求精神上的安慰。

◎精油調理的觀點：

主要屬性：防腐、抗抑鬱、鎮靜劑、刺激荷爾蒙、春藥等。

心理調適：憤怒、情緒波動、神經緊張、焦慮、沮喪、擔憂、悲傷、失眠、壓力、性冷感、無力、性慾低等。

心理療效：提升兩情相悅的歡愉，對於年長者也有「精神回春」的幫助，在抗憂鬱、抗沮喪、產生自信的方面能給人帶來極大的能量。

生理療效：對女性有多元的幫助，亦有「子宮的補藥」的稱謂。例如經前症候群、性冷感與性無能的改善。

蕊美升 RETROMASS 天然單方精油

　　蕊美升 RETROMASS 品牌創立於英國 1890 年間，由英國皇室成員所創立，經輾轉接手存續至今。我們尊崇遠古歐洲精油之萃取工法，由坐落於世界各地的實驗室以古歐洲工法研究對人類有益之精油配方，以純天然方式萃取出優質單方精油。蕊美升 RETROMASS 堅持與世界各地的有機農場合作，以天然及環保標準挑選最適合的產地及原料嚴謹製作出每一罐精油。

訂購請洽：

電話：02-27956559
Line：@724rtkmz
網站：https://retromass.shoplineapp.com/
或搜尋 RETROMASS Taiwan Online Shop
除本目錄外尚有多樣精油產品歡迎選購
本書讀者洽購滿千即送精美小禮

產品	簡介	產品	簡介
	羅勒精油 Basil Essential Oil SGS 有機認證 規格：15ml 產地：印度 定價：900		佛手柑精油 Bergamot Essential Oil SGS 有機認證 規格：15ml 產地：意大利 定價：750
	黑胡椒精油 Black Pepper Essential SGS 有機認證 規格：15ml 產地：印度 定價：750		喜馬拉雅 雪松精油 Himalaya Cedarwood Essential Oil SGS 有機認證 規格：15ml 產地：印度 定價：450
	德國洋甘菊精油 Chamomile German Essential Oil SGS 有機認證 規格：15ml 產地：尼泊爾 定價：2,050		肉桂精油 Cinnamon Essential Oil 規格：15ml 產地：斯里蘭卡 定價：1,050

產品	簡介	產品	簡介
	鼠尾草精油 Clary Sage Essential Oil SGS 有機認證 規格：10ml 產地：法國 定價：900		**尤加利精油** Eucalyptus Essential Oil SGS 有機認證 規格：15ml 產地：澳洲 定價：600
	乳香精油 Frankincense Essential Oil SGS 有機認證 規格：10ml 產地：索馬利亞 定價：1,750		**天竺葵精油** Geranium Essential Oil SGS 有機認證 規格：15ml 產地：南非 定價：1,150
	生薑精油 Ginger Essential Oil SGS 有機認證 規格：10ml 產地：中國、印度 定價：990		**永久花（蠟菊）精油** Helichrysum Essential Oil 規格：15ml 產地：克羅埃西亞、意大利 定價：2,750
	杜松精油 Juniper Berry Essential Oil SGS 有機認證 規格：10ml 產地：保加利亞 定價：1,950		**薰衣草精油** Lavender Essential Oil 規格：15ml 產地：法國 定價：450

產品	簡介	產品	簡介
	檸檬精油 Lemon Essential Oil SGS 有機認證 規格：15ml 產地：美國 定價：450		檸檬香茅精油 Lemongrass Essential Oil SGS 有機認證 規格：15ml 產地：台灣、印度、斯里蘭卡 定價：400
	柑橘精油 Mandarin Essential Oil SGS 有機認證 規格：10ml 產地：德國 定價：900		馬鬱蘭精油 Marjoram Essential Oil SGS 有機認證 規格：15ml 產地：西班牙 定價：750
	綠花白千層精油 Niaouli Essential Oil 規格：15ml 產地：澳洲 定價：990		甜橙精油 Sweet Orange Essential Oil SGS 有機認證 規格：15ml 產地：德國 定價：380

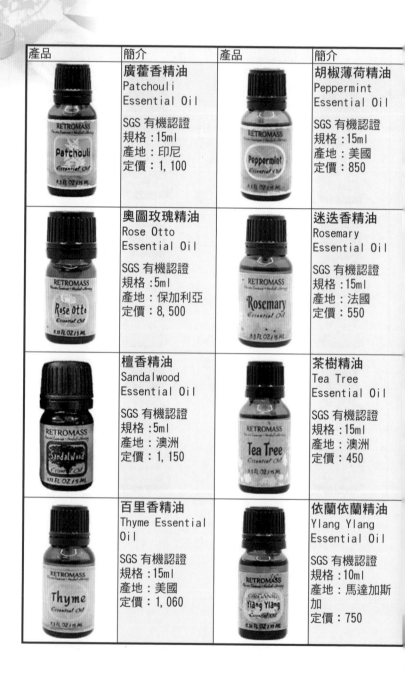

產品	簡介	產品	簡介
	廣藿香精油 Patchouli Essential Oil SGS 有機認證 規格：15ml 產地：印尼 定價：1,100		**胡椒薄荷精油** Peppermint Essential Oil SGS 有機認證 規格：15ml 產地：美國 定價：850
	奧圖玫瑰精油 Rose Otto Essential Oil SGS 有機認證 規格：5ml 產地：保加利亞 定價：8,500		**迷迭香精油** Rosemary Essential Oil SGS 有機認證 規格：15ml 產地：法國 定價：550
	檀香精油 Sandalwood Essential Oil SGS 有機認證 規格：5ml 產地：澳洲 定價：1,150		**茶樹精油** Tea Tree Essential Oil SGS 有機認證 規格：15ml 產地：澳洲 定價：450
	百里香精油 Thyme Essential Oil SGS 有機認證 規格：15ml 產地：美國 定價：1,060		**依蘭依蘭精油** Ylang Ylang Essential Oil SGS 有機認證 規格：10ml 產地：馬達加斯 加 定價：750

國家圖書館出版品預行編目資料

享受芳療必修的風水課／原來著.
－－第一版－－臺北市：知青頻道出版；
紅螞蟻圖書發行，2023.02
面 ； 公分－－（Easy Quick；195）
ISBN 978-986-488-239-7（平裝）

1. CST：相宅 2.CST：改運法 3.CST：香精油

294.1 111022115

Easy Quick 195

享受芳療必修的風水課

作　　　者／原　來
審　　　訂／李久嘉
發 行 人／賴秀珍
總 編 輯／何南輝
校　　　對／周英嬌、原來
美術構成／沙海潛行
封面設計／引子設計
出　　　版／知青頻道出版有限公司
發　　　行／紅螞蟻圖書有限公司
地　　　址／台北市內湖區舊宗路二段121巷19號（紅螞蟻資訊大樓）
網　　　站／www.e-redant.com
郵撥帳號／1604621-1　紅螞蟻圖書有限公司
電　　　話／(02)2795-3656（代表號）
傳　　　真／(02)2795-4100
登 記 證／局版北市業字第796號
法律顧問／許晏賓律師
印 刷 廠／卡樂彩色製版印刷有限公司
出版日期／2023年2月　第一版第一刷

定價 400 元　港幣 134 元

ISBN 978-986-488-239-7　　　　Printed in Taiwan